Thomas Karl

Vom Saulus zum Paulus -

Ein Weg vom Soldaten zum Heiler.

Verlag Books on Demand GmbH, Norderstedt

Nachdruck oder Vervielfältigungen aller Art, auch auszugsweise, bedürfen der schriftlichen Zustimmung des Autors.

Bibliografische Information der Deutschen Nationalbibliothek:
Die Deutsche Nationalbibliothek verzeichnet diese Publikation in der Deutschen Nationalbibliografie; detaillierte bibliografische Daten sind im Internet über http://dnb.d-nb.de abrufbar.

© 2011 by Thomas Karl, Alpen
Alpheim-Weg 9, D-46519 Alpen
Telefon +49 (0)163-720 7965
eMail thomas@alles-was-ist.de
Website www.praxis-geistheilung.de
Alle Rechte liegen beim Autor.
Ebenso die Abbildungsrechte.

Umschlaggestaltung Thomas Karl, Alpen
1. Auflage August 2011
Herstellung und Verlag: Books on Demand GmbH, Norderstedt
ISBN 978-3-842-37994-7

Das Buch

Warum sind manche Menschen „anders"?
Wie wird jemand zu einem „Geistheiler"?
Was ist das überhaupt, „Geistiges Heilen"?
Was kann es dem seelisch, psychisch oder körperlich Erkrankten bringen, wenn seine Selbstheilungskräfte aktiviert werden? Oder erstaunlicherweise einer Struktur wie einem Unternehmen, einer Organisation?

Den ganz eigenen Weg von Thomas Karl können Sie hier verfolgen und eine Vorstellung davon gewinnen, wie uralte Heilweisen heutzutage neu gesehen, verstanden und in allen Lebensbereichen genutzt werden können – verknüpft mit unserem modernen Wissen.

Der Autor

Thomas Karl ist der Herzöffner ♡.

Und moderner Geistheiler mit eigenen Neuentwicklungen, spiritueller Lehrer und Berater für Menschen und Firmen in den Fragen des Lebens seit 1997.

Viele Jahre lernte er von Horst Krohne, dem Begründer der modernen Geistheilung, bekannt als Autor. Von vielen anderen spirituellen, psychologischen Lehrern und Lehrerinnen, Heilern, Naturheilkundlern, Ärzten, Medien und dem Leben selbst.

Seit 2003 gibt er sein Wissen und Know-how weiter. Sein Hauptanliegen ist, seinen Mitmenschen die Vermittlung des tiefen Fühlen der eigenen Gefühle und Emotionen für eigene Gesundung zu ermöglichen und besonders Ihnen zu zeigen, die Liebe als tatsächlich selbst wahrnehmbare Kraft und Macht zu nutzen:
Für Ihr erfülltes, freudiges, selbstbestimmtes, gesundes Leben – mit Verstand und der Einheit des Herzens.

Dieses Buch widme ich

meinen Eltern,
meiner Schwester,
meiner Partnerin, hayatım,
meinem Sohn,
meinem besten Freund aus Schulzeiten,
meinen Freunden und Freundinnen,
meinem Lehrer Horst Krohne,
der mir humor- und liebevoll auf den Weg half.
Den vielen anderen Lehrern und Helfern,
meinen geistigen Freunden
und meinem Höheren Selbst.

Danke.

Dafür, dass sie mich auf den Weg brachten. Mir ein Umfeld boten und bieten, das mir half, der zu werden und zu sein, der ich bin. Das zu tun, was ich tue. Dass sie mich lehrten und lehren, was ich lernte und lerne.

Und Danke an das Göttliche für diese Gelegenheit, mich zu zeigen. Zu zeigen, wer ich bin und was ich sein will.

Dieses Buch soll aufzeigen, egal wie ver-rückt, seltsam, anders oder schräg drauf wir auch sein mögen, dass wir trotzdem uns, unsere Größe, unsere Bestimmung, unsere Freude, unsere Liebe, unsere Erfüllung finden und leben können – mit liebenswerten gleichgesinnten Menschen.

Inhaltsverzeichnis

Dieses Buch zeigt zum Zeitpunkt der Fertigstellung meine persönliche Meinung über die Dinge, wie sie sind. Es ist durchaus möglich, dass andere Menschen eine abweichende Meinung haben. Worte sind nur Hinweiszeiger auf Vorstellungen und Erfahrungen, nicht diese selbst. Jeder Mensch hat aufgrund seines einzigartigen Standpunktes in Raum und Zeit seine eigene Auslegung von Wörtern und ihren Bedeutungen. Keine der Empfehlungen oder Darstellungen erhebt den Anspruch auf absolute Wahrheit. Sie übernehmen eigenverantwortlich die Konsequenzen für deren eventuelles Befolgen.

Der Anfang

Manche nennen mich Wunderheiler, manche Spinner. Manche nennen mich ihren spirituellen Lehrer, manche ein Arschloch. Manche nennen mich einen der besten Heiler, manche sehen mich als Versager. Manche nennen mich einen göttlichen Liebhaber, manche Betrüger.

Suchen Sie es sich aus, wie Sie mich nennen wollen, wenn Sie meinen Bericht gelesen haben, wie ich ein Heiler und Lehrer der Liebe, des Lebens wurde oder – mich eines Tages selbst kennen lernen.

Ich wurde 1965 geboren. Damals ahnte ich nicht, was auf mich zukommen würde. Das war auch besser so :-)

Meine Kindheit bis zur Schule verlief glücklich. Ich bin auf dem Land in einem kleinen, armen Bauerndorf groß geworden nahe der ehemaligen Grenze zum zweiten deutschen Staat. Ich erlebte, geborgen in einer Großfamilie, viel Natur. Mein Vater arbeitete viel und war oft ein bis zwei Wochen weg, um der Familie eine Heimstatt bauen zu können. Aber er fehlte mir nicht, noch nicht. Viele selige Erinnerungen an meine Großmutter väterlicherseits habe ich, die mich liebevoll mit groß zog.

Eingeschult wurde ich noch in eine Dorfschule alter Art. Ein Lehrer, der die Erst- und Zweitklässler in einen Raum frontal autoritär unterrichtete. Damals begann mein Leiden.

Ich wusste nicht (mehr), das es einen größeren Teil meines Selbstes gibt, der alle diese Erfahrungen, die nun folgen sollten, wollte und mit geplant hatte – aus meiner heutigen Sicht, bereits vor meiner Geburt. Als Ausgleich alter abgelehnter Energien, abgewehrter Gefühle in mir und als Vorbereitung für das, was ich mal tun sollte.

Das heißt jetzt nicht, dass ich nur litt und keine Freude in meinem bisherigen Leben hatte. Es gibt mehrere Sichtweisen, um meine Geschichte zu erzählen. Traurige und Schöne, Leidende und Freudige.

Nur – diese Erlebnisse, die ich hier beschreibe, führten maßgeblich zu dem, was ich wurde. So, dass mein Werden zum Heiler für Sie nachvollziehbar ist. Deswegen berichte ich davon. Ich lachte damals viel und lache jetzt noch mehr, ich genoss viel und genieße jetzt auch mein Leben.

Vorbereitung auf meine Heiler-Arbeit – formende Erlebnisse

Mein Leiden begann folgendermaßen: Gelangweilt vom Unterricht, schaute ich oft zur Fensterfront des Klassenraumes hinaus und beobachtete das Treiben vor der Schule auf der Straße, dem Kirchplatz und in den Bäumen. Das missfiel dem Lehrer und nach einigen erfolglosen Ermahnungen, setzte er meinem respektlosen Tun durch diese erzieherische Maßnahme ein Ende:

Ich musste einen Eselshut aufsetzen und den Rest der Unterrichtsstunde vor beiden Klassen in dem Raum in einer Ecke stehen und mich schämen. Alle lachten über mich. Das war für einen Sechsjährigen viel, zu viel.

Dieses Erlebnis setzte ein erstes Trauma. Im Laufe der folgenden zwei Jahre wurde ich kurzsichtig und ich verbrachte viel Zeit allein und in der Großfamilie. Ich hatte keine Freunde aus der Schule oder dem Dorf, bis ich zwölf wurde. Für die Dorfkinder war ich der Träumer, der Professor. So nannte man mich, weil schon damals ein scharfer Intellekt sich ausdrückte. In Spiele wie Fußball oder Schlitten fahren wurde ich nicht mit einbezogen.

Ich entwickelte mit elf Jahren den Klassenkasper in mir, um Aufmerksamkeit und Zuwendung auf mich zu ziehen und anerkannt und akzeptiert zu werden. Das weckte oft nur Aggressionen in meinen Mitschülern.

In der fünften Klasse passten mich nach der Unterrichtzeit einmal einige Mädchen ab und versuchten, mich zu verprügeln. Dabei wurde meine Nase das erste Mal gebrochen.

Ich fühlte mich schwach, ungeliebt, anders als die Anderen, nicht dazugehörig. Nicht gut genug für die anderen, für meine Eltern. Nicht liebenswert.

Ich begann, mich als hässlich zu sehen. Dumm und laut empfand ich mich. Wut keimte in mir hoch, die ich unterdrücken musste, weil ich mich als zu schwach erlebte, um sie meinen Mitmenschen gegenüber ausdrücken zu können.

Oft wurde ich mit meiner spitzen Zunge grausam zu meinen Klassenkameraden. Ich spießte alle Unvollkommenheiten bei den anderen auf, um sie zu verbessern – aber vor allem, um mich doch wieder irgendwie gut zu fühlen, indem ich Ihnen ihre vermeintlichen Fehler vor Augen hielt. Damit bekommt man viele Freunde...

Beim Kissenschubbern auf dem Sofa entdeckte ich mit sieben Jahren meine Sexualität. Mein begeisterter Bericht stieß bei meiner Mutter auf eine für mich seltsame Reaktion. Sie war einfach unsicher.

Das war ein zweites Trauma, das ich 2000 das erste Mal erkannte und 2005 seine Auflösung fand. Es führte zu einer unterdrückten, verhuschten Sexualität, die mit sehr vielen Verboten und seltsamen Glaubenssätzen dogmatisiert war. Sozusagen im Dunkeln ohne sich Anschauen. Ohne Gespräche über unsere Lust oder was wir wollten. Wenn ich mich überhaupt traute, darüber nachzudenken, was ich denn sexuell erleben möchte. Selbstbefriedigung war mit großen Schamgefühlen verbunden. So etwas macht man(n) nicht, darüber spricht man nicht, schon gar nicht mit der Partnerin.

Die Lebens- und Schöpfungskraft, die in dieser großartigen sexuellen Energie verborgen ist, Kreativität pur, fehlte mir dadurch in vielen Bereichen des Lebens.

Erst in den späten Dreißigern befreite ich mich, indem ich meine großen Schamgefühle überwand und mit meiner Freundin darüber sprach.

Mit acht Jahren begann ich viel zu lesen. Mit der erste Lesestoff war ein Geografie-Buch, das ich verschlang. Genau wie die griechischen Sagen. Kurze Zeit darauf erwachte mein Interesse für Science Fiction und Fantasy. Ich wusste nicht, das etwa zwanzig Jahre später so einiges aus solchen Zukunftsvisionen für mich wahr werden sollte.

In der Zeit sah ich meinen Vater fast gar nicht, weil er seine letzte, freie Zeit für mehrere Jahre mit dem Hausbau für die Familie verbrachte. Ich hasste deswegen den Neubau und begann, viel Süßigkeiten zu naschen. Nun versuchte ich, mich zusätzlich durch Genusssucht gut zu fühlen. Alle meine Bedürfnisse wollte ich sofort befriedigen und möglichst nur das tun, was mir gleich ein gutes Gefühl gab. Egal, ob ich las, aß oder später mich selbst befriedigte.

Später lernte ich, dass das Alter von Sieben bis Zwölf die Jahre sind, in denen ein Junge seinen Vater am meisten braucht. Da konnte ich meine Reaktion verstehen.

Ich erinnere mich an ein schmerzhaftes Schul-Erlebnis in der fünften Klasse. Im Englischunterricht brach die Traurigkeit aus mir voller Tränen heraus, dass ich mich von meinen Mitschülern nicht anerkannt fühlte. Die Lehrerin kam mit diesem Gefühlsausbruch nicht zurecht und schickte mich raus, was mich nur in meinem Irrglauben bestätigte und noch verzweifelter machte.

Schließlich glaubte ich, alle Menschen sind nur seelenlose, gefühllose Roboter und ich bin der Einzige, der etwas fühlt.

Als Folge trennte ich mich auch, wie die anderen es mehr oder minder unbewusst taten, von einem Großteil der Wahrnehmung meiner tatsächlichen Gefühle und ihrer vollen Intensität. Durch Nichtwollen des Fühlens von als negativ oder schmerzhaft bewerteten Emotionen. Trotzdem glauben wir, wir könnten gut fühlen. Welche Tragik.

Ich wurde zu einem ebensolchen unbewussten, gefühllosen Menschen.

Später, nach erfolgter Übung und Zulassen meiner medialen Fühlfertigkeiten verstand ich, fühlte ich, wie sehr die meisten meiner Mitmenschen getrennt von ihren wahren Gefühlen, der Tiefe und Differenziertheit dieser und der tatsächlichen Wahrnehmung ihrer selbst waren und sind. Das zu erkennen und zu ändern, unterstütze ich sie, seit ich herausfand, wie das geht, leicht und einfach.

Weiter ging es mit Dämpfern für meinen Selbstwert in meiner Pubertät: Mein Vater versuchte, mich durch stundenlange Monologe zu verbessern. Das förderte aber nur meinen ohnmächtigen Widerstand und meine Wut. Schließlich war ich zumindest in der Schule der König der Besserwisser und Rechthaber. Was mir viele Freunde einbrachte...

Jedoch mein Vater war aus meiner damaligen Sicht der Kaiser der Besserwisser. Ich kam nie gegen ihn an. Erst als ich selbst Vater war, verstand ich, dass er aus seiner Sicht wie alle Eltern das Beste für mich wollte.

Ende der siebten Klasse versuchte ich erstmals mein Glück bei der holden Weiblichkeit. Die Antwort der Angebeteten, die ich auf einer Klassenfahrt in Glücksburg fragte, ob sie mit mir gehen will (so hieß das damals): „Thomas, du bist ganz nett, aber ein bisschen zu dick."

Der Satz führte innerhalb der folgenden Sommerferien zu einem ranken und schlanken Thomas, der sich von nun an dem Sport widmete.

Ich fühlte mich aber noch bis Ende Dreißig als zu fett und zu hässlich, um irgendeiner Frau zu gefallen. Egal, ob sie mir etwas anderes sagten, ich glaubte es nicht.

Ich begann mit Karate, Langstreckenlauf und Skilanglauf. Dort holte ich mir das Gefühl von Anerkennung durch erbrachte sportliche Leistung. Aber oft war ich nicht der Erste. So hatte ich dort auch immer Gelegenheit, mich innerlich zu kritisieren und runter zu machen.

Meinen Mangel an Selbstliebe und Selbstwert übertünchte ich mit Rauchen. Dazu ließ ich mich von meinem besten Freund aus Schulzeiten verführen. Das Gefühl des geilen Rauschens im Blut beim Inhalieren des Rauchs hatte ich nach dem ersten Mal aber nur sehr selten. Später lernte ich es wieder kennen, als ich intensiv im Körper die Liebe fühlen lernte. Da begriff ich, dass das damals beim Rauchen nur ein schwacher Abklatsch dieser Liebe war, der ich unwissend und unbewusst nachlief.

Ich wusste nicht, dass ich beim Rauchen Liebe suchte. Nicht einmal, dass ich mich selbst nicht liebte. Ich wusste nur, was alles an mir „nicht in Ordnung" war. Zum Beispiel fand ich meine Nase zu groß und zu krumm und meinen Bauch viel zu fett. Und ich fand mich nicht stark und schlau genug. Na ja.

Ich träumte gern in diesen Jahren davon, die Welt zu retten und cool die Dankbarkeit und die Glückwünsche der Anderen zu empfangen. Auf alle möglichen Arten und Weisen tat ich es damals in meiner Fantasie. Mit großen Raumkreuzern im Weltall trotzte ich allen Gefahren und Bösem. Im Fernsehen inspirierte mich 1972 „Raumschiff Enterprise" und im Kino 1977 der „Krieg der Sterne". Ich liebte „Raumpatrouille Orion".

Ich wollte damals sein wie Captain James T. Kirk, Han Solo, Luke Skywalker oder Kommandant Cliff Allister McLane. Gefühlt habe ich mich aber wie Donald Duck oder Mr. Spock: Als Versager und in den eigenen Gefühlen mit deren Ausdrucksunfähigkeit gefangen.

So ein Versagens- und Zurückweisungserlebnis hatte ich, als ich 1980 dem Schauspieler Dietmar Schönherr in meiner Heimatstadt Seesen am Harz begegnete und ihn wegen seiner Rolle als McLane in „Raumpatrouille Orion" interviewen wollte. Damals machte ich ein Science-Fiction-Fanmagazin, ein sogenanntes Fanzine. Er lief geradezu vor mir weg, als ich ihn auf offener Straße ansprach, wollte verständlicherweise wohl nicht mit einem nervenden, aufdringlichen Jugendlichen reden.
Ich benutzte den Vorfall, um mein Versagergefühl weiter zu vertiefen.

An meiner Geburtstagsfeier zum vierzehnten Lebensjahr war ich dann das größte Häufchen Elend der Welt. Ich erinnere mich noch gut, wie ich sitzend auf der

Bordsteinkante schluchzend und gebrochen meine Ablehnung beweinte. Das Mädchen aus meiner Klasse, wegen der ich die Party veranstaltete, wollte mich nicht.

Stattdessen wollte mich eine süße, sehr nette und schöne Klassenkameradin, die all ihren Mut zusammen nahm und mich im Heizungskeller küsste. Meinen ersten Tanzkurs hatte ich mit ihr gemacht. Ich bin leider entsetzt davon gelaufen, weil ich sie nicht sehen konnte, sondern nur die Klassenschönste.

Und das Gefühl begleitete mich viele Jahre: Die, die ich will, will mich nicht, und die, die mich will, will ich nicht. Eine sehr gute Voraussetzung für ein glückliches, erfülltes Leben in Partnerschaft, oder?

So traute ich mich erst wieder mit Achtzehn, ein Mädchen anzusprechen. Eine liebenswerte, wunderbare Frau wurde aus ihr. Ich heiratete sie mit fünfundzwanzig Jahren. Wir scherzten oft darüber, dass wir uns nur unserer erbarmten…

Ich drückte automatisch all meine Wertlosigkeitsgefühle, das „Hässlichsein", „Nicht-liebens-wert-sein", das „Nicht-gut-genug-Gefühl", meine Traurigkeit, das „nicht-zugehörig- und allein-sein-Gefühl" weg ins Unbewusste. Ich schützte mich oft auch durch zynische Arroganz.
Wenn Sie „Das kleine Arschloch" vom Comiczeichner Walter Moers kennen, wissen Sie, was ich meine.

Als Gegenmaßnahme kompensierte ich dieses Tun und Fühlen und war in Gesellschaft immer gut drauf, ein humorvoller Charmeur, der alle unterhalten und zum Lachen bringen konnte.

In diesem Zustand wechselte ich von der Realschule zum Gymnasium. Und wenn ich dort schon nicht der Beste sein konnte, wie auf der Realschule, dann wenigstens der Schlechteste. Das gelang mir mit Pauken und Trompeten. Das Gefühl, ich schaffe das nie, den Wissensunterschied aufzuholen, führte zu einer Nullbock-Reaktion, die dann genau das bewirkte.

Ich schaffte es nicht, wiederholte das Schuljahr. Und konnte mich wieder richtig schlecht fühlen...

Auf dem Landheimaufenthalt zur Einführung in die gymnasiale Oberstufe wurde mir das erste Mal von Mitschülern Haschisch angeboten. Ich merkte, dass mich das überhaupt nicht interessierte, Drogen zu nehmen. Außer Zigaretten. Vom Alkohol hatte ich nach einer frühen Erfahrung mit Übergeben und Schwindel für Jahre genug. Danach nahm er eine normale Rolle ein.

Vor fünf Jahren verstand ich, warum mich halluzinogene Drogen nicht interessierten, als ich mit Psychologen zu tun bekam, die erweiterte Bewusstseinszustände über Pilzgifte erreichen wollten. Denn ich lernte leicht, ohne die Einnahme solcher Drogen viel tiefer und weiter im Erreichen anderer Bewusstheitsgrade zu kommen.

Mein Selbstwert war in der 11. Klasse so heruntergekommen, dass ich begann, den Fremdwörter-Duden auswendig zu lernen, um als gebildet und intelligent zu erscheinen. Aber ich fühlte mich tief innen drin eigentlich dumm und unfähig, nicht gut genug. Ich wiederholte wie gesagt das Schuljahr und machte dann 1985 Abitur.

Wie groß meine Ängste mittlerweile waren, zeigte sich darin, dass ich eine kaufmännische Lehre hauptsächlich deswegen machte, weil ich ja vielleicht nach einem Studium arbeitslos sein könnte.

Parallel entwickelte ich mich auf der „anderen, nützlichen" Seite – ich lernte zum Beispiel, dass ich Freunde nur dann gewinne und behalte, wenn ich auf die Menschen zugehe und immer wieder den Kontakt, die Verbindung zu Ihnen halte. Mit meinem besten Freund aus der Schulzeit hatte ich eine tiefe empathische Verbindung. Wir fühlten gegenseitig, wenn es ihm oder mir schlecht ging, und wir besuchten uns dann. Dann stellten wir diesen Umstand erstaunt fest, dass wir das fühlten. Damals hatten wir keine Erklärung dafür. Das verlor sich übrigens, als wir unsere Aufmerksamkeit mehr auf unsere Freundinnen richteten.

Ich erlebte, was mein Zynismus und meine Verurteilung mit anderen machte. So brach mir mit Zwanzig ein junger Mann bei einem Faschingsspiel in einer kirchlichen Veranstaltung durchaus absichtsvoll die Nase. Das zweite Mal in meinem Leben, dass das geschah. Ich verstand, wie ich ihn unbewusst mit meinen Bemerkungen provozierte.

Bundeswehr – meine Saulus-Seite

Nach der Lehre stand die Bundeswehr zwischen mir und einem Studium. Wo ich aufgewachsen war, an der Grenze zu Ostdeutschland, gab es in den Achtzigern keine großen Gedanken an Kriegsdienstverweigerung. Ich ging einfach zur Bundeswehr, zum Heer. Ich hatte es nur zwanzig Kilometer bis nach Hause. Es war wie sonst im Berufsleben in einem kleinstädtischen, wenig dicht besiedelten Umfeld: Man kennt sich, sieht sich beim Einkaufen und in der Kneipe. So ging man auch respektvoll miteinander um. Und hier erfuhr ich Anerkennung für meine Leistungen.

Und ich folgte das erste Mal einem Bauch-Impuls, der meine bisherigen Berufspläne durcheinander brachte. Ich wollte wissen, wie das ist, ein „Mann-Mann" zu sein, ein Alphatier. So verpflichtete ich mich als Zeitsoldat und wurde Unteroffizier. Ich bildete Panzergrenadiere aus. Menschen, die auf dem Schlachtfeld vorn dran sind. Ich wurde Scharfschütze und bildete Scharfschützen aus. Stolz war ich darauf.

Ich lachte viel, sehr viel. Wir hatten viel Spaß und körperliche Bewegung. Wir spielten Mannsein oder das, was wir dafür hielten und wir spielten Krieg wie früher als Kinder „Räuber und Gendarm" und mit den Panzer-Plastikmodellen. Nur waren die Spielzeuge, die Panzer, jetzt viel besser. Wir spielten, denn uns war im Hintergrund klar, dass damals ein wirklicher Krieg ein letzter Krieg für diesen Planeten gewesen wäre.

Natürlich taten wir sehr ernst. Begeistert bildete ich meine Soldaten aus, um sie auf dem möglichen Gefechtsfeld überlebensfähig zu machen. Ich war ein fordernder, fürsorglicher Ausbilder. Ich erlebte Vertrauen, Kameradschaft und Zusammengehörigkeit.

Und meine erste bewusste Begegnung mit dem Tod erlebte ich bei der Bundeswehr nach einem Erlebnis mit sechzehn Jahren, in dem ich bereits einen Verkehrstoten von Angesicht zu Angesicht sah. Vorher nahm ich nur verwundert als Junge wahr, wie verschämt und versteckend meine Familie mit dem frühen Tod einer meiner Tanten umging.

Eine fordernde, anstrengende Nachtausbildung im Bundeswehrdienst lag hinter uns. Drei junge Männer aus meiner Ausbildungsgruppe fuhren nach dem Pflichtschlaf nach Hause. Sie fuhren in den Tod, den sie an einen Baum fanden. Ich war bei den Beerdigungen dabei, kondolierte und kämpfte lange Jahre mit Schuldgefühlen, weil ich die Verantwortung für ihren Tod übernahm. Hätte ich sie nur nicht fahren lassen. Aber sie durften und taten es. Ihre Gesichter brannten sich in mein Gedächtnis ein.

So erlebte ich in der Zeit die Grenzöffnung der ehemaligen DDR am 9. November 1989. Wegen meiner Freundin gerade in München, fuhr ich am Sonntag darauf hoch nach Helmstedt zum Volkshochschulheim.
Es war eine Belohnung für gute Arbeit als Soldat, heutzutage heißt das „Incentive-Reise": Eine Woche Aufenthalt in einem zivilen Landvolkshochschulheim bei Helmstedt mit einem Seminar zum Staatssystem der DDR.

Das wusste keiner vorher, wie gut, wie einmalig die Terminsetzung für mein Seminar war!

Mit offenem Munde erlebte ich die Tage davor am Fernsehen mit. Und auf den Autobahn sah ich den ersten Trabbi meines Lebens. Wir winkten uns zu, wie später am Grenzübergang, wo wir stundenlang standen und Beifall klatschten, als die Menschen aus der DDR an uns vorbei in den Westen fuhren.

Angekommen in Helmstedt, staunte ich, wie respektvoll Menschen vor mir zusammenzuckten, als ich in die Heimvolkshochschule ging. Weil ich im Dienst war, trug ich die Ausgehuniform der Bundeswehr. Das war die Zeit, wo Soldaten in der Öffentlichkeit Mörder genannt und mit Tomaten beworfen wurden. Es waren Menschen aus dem Osten, die „rübergemacht" hatten und im Heim schlafen konnten. Sie hatten Angst vor mir - für mich damals unverständlich.

Und so konnte ich als Erster die Aussagen des Dozenten über das Staatssystem der DDR live überprüfen. Ich brauchte nur dem „Pött-Pött" der Trabbi-Auspuffe und dem Geruch der Zweitaktmotoren in die Helmstedter Innenstadt folgen. Die Straßen waren voll mit Menschen aus dem Osten, mit denen ich in der Kneipe Bier trank und mich neugierig austauschte. Menschen, die ich im Kriegsfalle hätte töten sollen. Die wie ich Deutsch sprachen und wie ich auch nur glücklich mit ihrer Familie, Frau und Kinder leben wollten.

Das erste Mal dachte ich ernsthaft über Krieg, das Töten und seinen Un-Sinn nach.

Ich ließ mich wie geplant zum Jahresbeginn 1990 nach München versetzen, um meiner Verlobten zu folgen. Ich lernte München und Bayern die folgenden Jahre intensiv kennen und lieben. Es gab weiterhin viel zu lachen, aber in der Bundeswehr in München begegnete ich das erste Mal den Untiefen menschlichen und männlichen Da-Seins wie Alkoholismus, Gewalttätigkeit, Machtmissbrauch, Sexsucht, Nähe zur Kriminalität.

Ich verachtete daher Männer zusehends und schämte mich dafür, selbst ein Mann zu sein. Trotzdem spürte ich weiterhin die große sexuelle Kraft in mir und verurteilte mich dafür noch mehr. So blieb meine gelebte Sexualität weiterhin sehr unfrei.

Viele Jahre später erst lernte ich kennen, das Sexualität einer der kürzesten – und schönsten – Wege zurück zur Verbindung mit dem Göttlichen ist.

Wie? Darauf gehe ich in meinem zweiten Buch ein :-)

Ich hatte nach der Grenzöffnung der DDR und dem Zusammenbruch der Sowjetunion ein Problem mit der Legitimation der Bundeswehr und des Soldatentums bekommen. Ich lernte noch die Brutalität des Krieges kennen, als ich über deutsche Söldner in Kontakt mit Kombattanten (Kriegsteilnehmern) aus den Jugoslawienkriegen ab 1991 kam. Ich fühlte bereits damals sehr intensiv, wie von ihnen eine ungeheure Dunkelheit ausstrahlte und deren tiefen Hass, der mich erschauern ließ und von diesen Leuten weg trieb.

Ich verstand, wie die Spirale der Gewalt sich hochtreibt, wenn man nicht beginnt, zu vergeben und statt dessen unversöhnlich bleibt. So verlängerte ich nicht meinen Dienstvertrag bei der Bundeswehr.

Weitere Vorbereitungen für mich zum Heiler und spirituellen Lehrer

In den nachfolgenden Jahren erlebte ich, ohne dass ich es wusste, weitere Vorbereitung für mein Tun als Heiler, spiritueller Lehrer, Berater und Liebeslehrer (damir ist keine Sexualitätskunde gemeint, es geht um Fühlen lernen und nutzen des Bewusstseinszustandes „Bedingungslose Liebe").

Ich lernte alle sozialen Gruppen unserer Gesellschaft kennen und wie sie miteinander umgehen. Von „Lieschen Müller" bis hin zu Prominenten und sehr reichen Menschen. Vom Bahnrangierer über Handwerksmeister und Doktoren bis zum hochstehenden Politiker.

Nach einem Betriebswirtschafts-Akademiestudium arbeitete ich als Vertriebler, Fachbauleiter und Niederlassungsleiter im Baugewerbe. Dann als Geldhändler in einer kleinen, unbekannten Branche im Geldwesen.

Parallel wurde ich in der Zeit irgendwie gedankenlos und unbewusst. Ich verlor sozusagen „vernünftig werdend" meine Lebensträume, und verhielt mich wie fremdgesteuert nur nach Klischees lebend. Ich reflektierte nicht mehr über das, was ich eigentlich wollte.

Ich lebte nur noch so dahin und funktionierte. Ich arbeitete, hatte Spaß und lachte. Betrank mich ab und an und rauchte. Wollte mehr und schöneren Sex erleben und war unfähig, diesen Wunsch auszudrücken. Weil ich mich dafür schämte. Ich verlobte mich, heiratete und dachte gar nicht richtig darüber nach, was ich da überhaupt tat und welche Verantwortung ich trug für mein Tun.

Ich hatte beispielsweise mit etwa zwanzig Jahren einer meinen Cousinen, die Friseurin war und drei kleine Jungen großzog, beim Haareschneiden erzählt, dass ich mal fünf Kinder möchte. In meiner Familie hatte man zwei bis neun Kinder.

Als ich sie im Alter von Zweiunddreißig mal wieder traf, fragte sie mich, was denn nun mit meinen fünf Kindern sei. Zu der Zeit war ich bereits sieben Jahre verheiratet. Wir hatten keine Kinder. Ganz verblüfft erinnerte ich mich. Die Gedanken an Kinder hatte ich komplett verdrängt. Ich fühlte mich auch unreif, Kinder erziehen zu können.

Erste vergessene Begegnung mit Geistheilung

Es setzten eigene Entwicklungsprozesse ein, wie ein unverschuldeter Verkehrsunfall im Alter von 27 Jahren, bei dem meine damalige Frau eine Kompressionsfraktur der Brustwirbelsäule erlitt. Schuldgefühle plagten mich deswegen, wochenlang stellte ich den Unfallhergang nach und suchte nach Möglichkeiten, wie ich den Unfall hätte verhindern können. Es gab keine.

Übrigens – erst nach acht Wochen des Schmerzes und zunehmender Lähmungserscheinungen wurde der Bruch bei ihr festgestellt und mit einem Stahlkorsett für ein halbes Jahr ruhig gestellt. Nach dem damaligen Wissensstand hatte man im Unfallkrankenhaus nur die Hals- und Lendenwirbelsäule untersucht. Ich lernte dabei, dass es Heilpraktiker und Geistheiler gibt, es interessierte mich aber nicht die Bohne. Ich hatte wegen unseres Unfalls eine erste Erfahrung mit einem philippinischen Geistheiler, die ich wieder vergaß.

Meine Frau suchte schmerzgepeinigt nach Möglichkeiten der Linderung und wir fuhren zu einer von ihr gefundenen alten Dame im Münchner Osten, die sehr schön am Wald wohnte. Im Wohnzimmer drängten sich etwa 30 Leute.

Der gastierende Geistheiler erklärte, er wisse nicht, was da geschieht. Aber das durch sein Handauflegen gerade viel bei Knochenkranken passieren könnte und er trotzdem keine Heilung versprechen kann. Nur wer bei der Behandlung etwas spüre, sollte zahlen.

Damals war Geistheilung auszuüben illegal, ohne Arzt oder Heilpraktiker zu sein, da es der Heilkunde zugerechnet wurde. Es war also ein verschwörerisches Ambiente.

(Erst seit März 2004 darf man in Deutschland Geistheilung als Aktivierung der Selbstheilungskräfte ausüben, ohne approbiert oder bestallt zu sein.)

Ich hatte ein Knieproblem, weil mir drei Jahre zuvor die Laufkette eines Panzers beim Montieren von der Rolle auf mein rechtes Knie fiel. Im Röntgenbild konnte man keine Verletzung sehen, aber ich konnte zu der Zeit mein Knie schmerzfrei nur eine Viertelstunde rechtwinklig halten. Das hieß, Sitzen und besonders Autofahren war ein Problem.

Der Heiler hielt eine Hand für eine Minute etwa fünf Zentimeter von meinem Knie weg, und es wurde sofort innen drin richtig heiß. Da ich etwas spürte, zahlte ich. Meine Frau erfuhr für sich damals keine Verbesserung. Ich hatte für fünf Jahre ein schmerzfreies rechtes Knie. Den mitgekauften „energetisierten" Tee beäugten wir trotzdem misstrauisch und tranken ihn nicht.

Wie gesagt, ich vergaß das Geistheiler-Erlebnis komplett. Bis ich meine erste, noch ungeplante Ausbildung in geistigen Heilweisen 1997 bei Horst Krohne machte. Dazu gleich mehr.

1997 – Das entscheidende Jahr

Im April diesen Jahres stand ich auf dem Balkon meiner Münchner Wohnung in der Dämmerung, rauchte und fühlte mich sehr entspannt. Ich bin mir nicht sicher, ob ich so entspannt gewesen wäre, wenn ich gewusst hätte, was in den nächsten Jahren an Wachstumsgelegenheiten auf mich zu kam... :-)

Ich sah aus Langeweile im bereits schummrigen Licht meine Hände an – gegen den Rasen, die Sträucher und Bäume vor der Wohnung. Da passierte es – scheinbar unspektakulär:

Gegen den verschwimmenden Hintergrund sah ich rechts und links des Zeigefingers Zonen, die milchig unscharf wirkten. Eine Linie, die etwa einen Zentimeter um meinen Finger sichtbar war. Beides bewegte sich mit meinem Finger, wenn ich mit diesen gegen den Hintergrund hin und her wackelte. Mein Blick war dabei so gerichtet, als ob ich meinen Finger scharf sehen wollte, jedoch sah ich direkt neben meinem Finger vorbei.

Ich sah einen Teil der sogenannten Aura, des menschlichen Energiefeldes - und wusste zu der Zeit noch nicht, was ich da sah.

Ein witziges Spiel fand ich es zu Anfang. Ich hielt es für eine Auswirkung der Lichtverhältnisse in der Dämmerung oder meiner recht neuen Brille. Es weckte meine Neugier und meinen Spieltrieb. In den Folgetagen spielte ich immer mehr damit und ich sah immer mehr davon; es erweiterte sich täglich.

Ich saß im Englischen Garten und schaute mir die Auren der vorbeigehenden Leute an. Ich sah Bäume, Pflanzen, Tiere und Gegenstände im wahrsten Sinne des Wortes in ganz neuem Licht.

Eine Anekdote dazu war, wie ich mir beinahe eine Ohrfeige einfing: Beim Aerobic-Sporteln sah ich die meist bläuliche energetische Trägerschicht des physischen Körpers erstmals besonders gut. Und als ich das erste Mal bei einer Frau die Chakrentrichter (Energiewirbel) auf dieser Auraschicht perfekt sah, starrte ich völlig überrascht auf den Trichter ihres Herzchakras und bewunderte es. Na ja, in dem knappen und hautengen Sport-Outfit und mit ihrem von der Natur gesegneten Busen fasste sie es völlig anders auf...

Erklären Sie das mal, warum ich so auf ihre Brüste starrte... „Ich sehe mir gerade ihre wunderschöne Aura und Chakrentrichter an, tralala." Das wäre bestimmt eine der besten Ausreden aller Zeiten gewesen... ;-)

Als ich nach solchen Erfahrungen ziemlich durcheinander und verwirrt in die Akasha-Buchhandlung in München stolperte und sagte, dass ich da so seltsame Sachen um die Menschen, Tiere, Pflanzen und Gegenstände herum sehe, gab es einen Berater mit Rasta-Locken, der mir verständnisvoll das Buch von Barbara Ann Brennan „Licht-Heilung" und „Vom Herzen durch die Hände" von Maud Nordwald Pollack in die Hände drückte.

Bis dahin hatte ich mich in meinen Leben nur mit meinem evangelischen Christentum im Konfessionsunterricht auseinandergesetzt. Als ich darin meinem Pfarrer erklärte, Gott ist überall drin, in den Pflanzen, Gebäuden, Tieren und Menschen, machte er mir wiederum klar, ich solle mir kein Bild von Gott machen. Tja, aus meiner Sicht tat ich das ja damit auch nicht... Ab der Zeit machte ich mir keine Gedanken mehr über das Thema.

Und ich beschäftigte mich mit dem Katholizismus wegen der gelebten Religiosität meiner ersten Frau. Aber sonst hatte ich kein Interesse an Religion, Spiritualität, Bewusstseinsarbeit, Psychologie, Geistheilung oder Esoterik. Ich hatte nicht mal eine Ahnung, wie man „Esoterik" schreibt.

Als ich nun in dieser deutschen Erstausgabe von „Licht-Heilung" die Seite 54 fand, begriff ich, dass ich nicht verrückt bin und keinen an der Klatsche habe. Dort beschrieb die Autorin in einem neutralen physikalischen Vokabular die Schichten des menschlichen Energiefeldes, der Aura. Zu der Zeit wagte ich nicht, mit vielen über meine Erlebnisse zu sprechen, und nicht wenige schauten mich danach irgendwie seltsam an, wenn ich mich doch traute, mit ihnen zu reden...

Erst in der Nachschau sehe ich, dass beide Werke Grundlagenbücher zweier Formen des Geistheilens sind. Also der Arbeit mit sehr schnell schwingenden Energieformen und helfenden nichtkörperlichen Wesenheiten zum Unterstützen der Selbstheilung. Es gibt viele Dutzend, eher Hunderte verschiedene, mehr oder minder gut funktionierende Arten davon.

Dann begann ich Gefühle und Wahrnehmungen anderer Wesen zu fühlen. Das erste war ein Hund, der sich gerade an einem Baum erleichtert hatte, dessen zufriedene Entspannung ich sehr verwundert wahrnahm. Ich hatte einen Anzug an und stieg aus der Trambahn nahe des Viktualienmarktes in München, auf dem Weg zu meiner Arbeitsstelle. Und ich hatte es noch gut in Erinnerung, dass ich eben nicht gerade meine Blase in der Tram entleert hatte. Aber ich fühlte es, so, als ob ich es gerade hinter mir gebracht hatte. Ich war schon recht irritiert.

Oder im Biergarten: Ich genoss das schöne Streicheln der liebevollen Hand meiner Frau über meinen Rücken. Aber, halt. Rechts keine Frau, links auch keine Göttergattin. Ups. Mein Freund rechts neben mir streichelte verträumt seine Freundin, aber nicht mich.

Und für einige Wochen tat es mir außerhalb meines physischen Körpers weh, wenn beim Spazieren jemand neben mir ging. Das Reiben der Auren dabei bereitete mir ungewohnten Schmerz. Ich passte mich im Laufe der Zeit an die Wahrnehmungen an, gewöhnte mich daran, und der Schmerz verschwand. Aber erzähle das mal deinem Partner, dass er dir beim Spazieren weh tut, bloß weil er neben dir geht...

Kurze Zeit drauf kam das (vermeintlich akustische) Hören von Stimmen hinzu, die andere nicht hörten. Ich lag nichtsahnend an einem Wochenende morgens zufrieden allein im Bett, da sagte eine humorvolle Frauenstimme „Jetzt kommt die nächste Überraschung."
Das war ein Adrenalinstoß!

Es kamen Anweisungen, die ich anfangs aus Neugier befolgte. Eine Anweisung besagte, dass ich nach einen Buch suchen solle, in dem ein bestimmter Name vorkam. Ich fand es tatsächlich. Trotzdem war es aber das schlechteste esoterische Buch, das ich bis dahin las.

Nun gut, ich fing erst im April 1997 solche Bücher zu lesen an, und es war gerade Juni 1997. Es war das einzige Buch in meinem Leben, das ich wegwarf. Und ich hörte auf, solchen Stimmen zu folgen.

Das Stimmenhören verschwand nach wenigen Wochen wieder. Was nicht verschwand, waren außerkörperliche Erfahrungen. Die ersten Erlebnisse dazu hielt ich in meiner Todesangst, die ich erlebte, für den Beginn des Sterbens. Später erfuhr ich, dass der physische Körper mit Panik auf sogenannte "Ablösewellen" des Bewusstseins reagiert.

Ich fuhr im Juni 1997 mit der Trambahn nach der Arbeit am Englischen Garten vorbei. Ich stand. Plötzlich fühlte ich, wie eine ungeheuer starke Kraft mich von unten, von den Füßen her aus meinem Körper heraus drückt. Ich fühlte Todesangst, keine Panik. Schwach werdend, taumelte ich auf einen Sitzplatz. Ich dachte, jetzt sterbe ich. Und ich tat, was man dann so vermutet. Ich rief nach meiner Mutter und versuchte, mit Gott zu verhandeln, einen Deal zu machen: Wenn du mich weiter leben lässt, werde ich ganz brav sein und alles wieder gut machen.

Das geschah einige Male, einmal auch, als ich mit meiner Frau abends Essen ging. Wir fuhren im Taxi nach

Hause und ich war erschüttert von dieser großen Macht, die mich da mühelos aus meinem Körper heraus schob. Ich stand buchstäblich neben mir.

Einmal ging ich von einem Vorstellungsabend in der esoterischen Akasha-Fachbuchhandlung die Müllerstraße in München entlang zur S-Bahn. Und auf dem langen geraden Stück der Müllerstraße östlich der Reichenbachstraße wurde mein Fortbewegen immer zäher und zäher. Ich konnte immer schwerer vorwärts gehen. Wie durch dicker werdende Luft, bis ich schließlich das Gefühl hatte, ich gehe durch Wasser und hänge an einem Gummiseil. Schließlich ging es nicht mehr. Ich konnte nicht mehr weiter gehen. Erschöpft und genervt drehte ich mich um – und da stand ich!

Also, nicht richtig ich: Etwa Hundert Meter entfernt, stand mein physischer Körper auf dem Gehsteig und lächelte ein bisschen bescheuert. Ich sah an mir herunter. Komisch. Hier war genau so ein Körper mit Händen und Füßen. Ich hätte einen Herzinfarkt gekriegt vor Schreck, wenn ich denn da noch in meinem physischen Körper gewesen wäre. Dann dachte ich „Mist, wie komme ich wieder zurück und rein?"
Über fünf Minuten kämpfte ich mich wieder zurück durch diese „flüssige Luft" und wusste eigentlich nicht, was ich tun sollte, wie ich wieder rein kam in meinem „richtigen" physischen Körper.

In den Jahren danach erkundete ich auch die anderen Existenz-Welten, die phasenverschoben oder in einen schneller schwingenden Frequenzband der Realitäten existieren – oder anders gesagt, die Geistigen Welten.

Ich sah, wo wir, unser Bewusstsein, unsere Seele, unser Energiekörper herkommt und wo wir wieder hin zurück gehen – und erfuhr, dass wir gemäß unserem Glaubenssystem unsere „Wirklichkeit" erleben. Und je mehr wir unsere Überzeugungen und Glaubenssysteme auf das Jenseitige bezogen loslassen, desto mehr erfahren wir ein größeres Stück Wahrheit und Wirklichkeit. Ich erlebte manchmal ein ganzes Leben in einer Nacht und konnte mich bei der Rückkehr in meinen Körper eine Zeit lang vollständig daran erinnern, bis es wie von einem Schleier bedeckt werdend bis auf einige Teile wieder entfleuchte.

Viele meiner Beobachtungen und Erfahrungen fand ich in den drei Büchern von Robert A. Monroe wieder, einem bekannten Pionier der außerkörperlichen Erfahrungen. In seinem Gateway-Programm am Monroe Institute in Faber (Virginia, USA) kann man es selbst sehr leicht lernen, seinen physischen Körper zu verlassen und Gewissheit zu erlangen über das Leben nach dem Tod. Also bin ich doch nicht verrückt, zumindest nicht allein, juchhu...

Aber im Vorgriff gesagt, auch Horst Krohne hat das Verlassen des physischen Körpers gelehrt, zur energetischen Behandlung anderer, weit entfernter Menschen. Wie ich im Laufe der Zeit sah, dass das recht viele Menschen „können" beziehungsweise erleben. Es gibt mittlerweile viel Literatur zu Nahtod- und außerkörperlichen Erfahrungen.

Seit diesen Erlebnissen habe ich meine Todesangst verloren, bis auf den kreatürlichen Impuls, der Angst des physischen Körpers kurz vor dem Verlassen eben dessen. Die jenseitigen Welten sind mir zu einer Gewissheit geworden, genauso wie die Reinkarnation. Auch wenn ich selbst da leicht unterschiedliche Erfahrungen habe zur allgemeinen Annahme über Reinkarnation (die Lehre von der Wiedergeburt) und Karma (das Gesetz von Ursache und Wirkung).

Ich lernte in den folgenden Monaten und Jahren viel darüber, wie die Welt, das Universum und seine geistigen Gesetze wirklich funktionieren. Lernte, was meine scheinbar unmöglichen Erfahrungen bedeuteten. Und ich lernte vor allen Dingen, dass ich damit nicht allein war, dass es viele Menschen gibt mit ähnlichen Erfahrungen, die Berichte schrieben, die ich fand und verstand. Ich verglich, ordnete ein, begriff und erweiterte meine Weltsicht erheblich.

Visionen und Erfahrungen des Eins-Seins, die ich als Kind hatte und damals nicht verstand, fielen mir wieder ein. Jetzt konnte ich diese Erlebnisse in einen ganz anderen Bezugsrahmen meines Verständnisses der Wirklichkeit setzen. Eine neue, faszinierende Welt hatte sich mir eröffnet. So groß, so fantastisch, so real. Begeistert, voller Freude, voller ungeheurer Neugier machte ich mich auf, sie zu erkunden.

Ich bemerkte erst in den letzten Jahren, dass zum Beispiel meine Erinnerungen an sehr frühe Zeiten in meinem Leben durchaus als ungewöhnlich angesehen werden. So habe ich Erinnerungen an mein erstes Lebensjahr im Kinderwagen, oder wie ich mit einem Jahr in einer roten Badewanne im Wohnzimmer meiner Großeltern Spaß hatte. Auch an die Mondlandung 1969 im Fernsehen. Da war ich drei.

Meine Erfahrungen zu deuten und zu verstehen, die ich für normal hielt, ging los, als ich mich ab 1997 durch mein Aurasehen und außerkörperliche Erfahrungen heraus wieder mit vielen Erinnerungen aus der Kindheit und Jugend beschäftigte.

So hatte ich mit zwölf bis dreizehn Jahren etliche Realitätsverschiebungen erlebt. Plötzlich war ich in einer Vision, in der ich auf einmal eine ganz andere Wirklichkeit als für mich vollkommen real beobachtete. Eben gerade noch im heimischen Wohnzimmer, und auf einmal schwebte ich über einer winterlichen Szene, in der eine traurige Mutter ihr Kind verabschiedete. Ich erfuhr alle Teilnehmer der Szene irgendwie gleichzeitig, was sie fühlten, was sie dachten, was sie taten. Oder ich steckte als Beobachter in einem der Protagonisten. Das dauerte „bei mir" oft nur wenige Sekunden, in denen ich „dort" aber meistens viel längere Zeiträume erlebte.

Ich deutete das damals als Kuss der Muse: So stellte ich mir vor, wie ein Schriftsteller Inspiration erfährt, um die Ideen für seine Bücher zu bekommen. Logischerweise machte ich daraus Kurzgeschichten.

Die lustigste Kurzgeschichte entstand, als ich mit Dreizehn ziemlich genervt an den Mathe-Hausaufgaben in meinem Zimmer saß und eine Stubenfliege anschaute. Plötzlich war ich sehr verwirrt, denn ich sah mich statt der Fliege. Und es schaute ziemlich komisch aus, was ich da sah. So seltsam anders. Bis ich begriff, dass ich durch die Augen der Fliege mich ansah. Daraus machte ich dann eine Kurzgeschichte, in der die Hauptfigur im Irrenhaus landete.

Ich lotete meine inneren Welten aus. Und machte mich ebenso vertraut mit dem "esoterischen Jahrmarkt" Münchens, wie ich ihn bald nannte. Ich lernte viele Menschen kennen, die sich mit solchen und ähnlichen Erfahrungen auseinandersetzten und daraus Lehren ableiteten. Erstaunt hörte ich von dogmatischen Vorstellungen, und viele der neuen Ideen und Konzepte betrachtete ich mit großem Misstrauen und Ablehnung.
Einigem davon stehe ich heute noch so gegenüber, bei anderem lernte ich durch meine späteren Erfahrungen, dass sie brauchbar sind.

In der Zeit lernte ich vor allem, nichts und niemanden unbesehen zu glauben, es erstmal nur stehen zu lassen, bis ich es mit meinem Inneren und selbst Erfahrenem sinnvoll vergleichen konnte. Dann kam es zur Ablehnung oder Anerkennung. Auch erkannte ich, dass Wahrheit wohl nur individuell ist, und sich ändert im Laufe des dazu Lernens. Wie ein Patchwork-Teppich haben manche kleine, manche größere Stücke der Wahrheit. Und manche Teppichflicken der Wahrheit, die wir haben, sind soweit voneinander entfernt, dass wir uns gegenseitig nicht verstehen.

Und ich lernte die vier größten Krankheiten von uns Menschen kennen:
Ich nenne sie „Rechthaberitis", „Besserwisseritis", „Vergleicheritis" und „Verurteileritis".
Alle vier sehr ansteckend und schlussendlich lebensgefährlich...

„Rechthaberitis":

Wer will nicht gern recht haben? Das macht ein gutes Gefühl. Außerdem kennen wir uns ja aus – in den Dingen, in denen wir einfach Recht haben. Nur – wenn einer recht hat, hat ein anderer Unrecht. Der wird sich bedanken und uns zu gegebener Zeit diesen Dank ausdrücken...

Eine meiner Lehrerinnen frug mich, als ich gerade unbedingt mein im-Recht-sein durchsetzen wollte „Na, Thomas, willst du Recht haben oder glücklich sein?"

„Grmbl, beides!" antwortete ich.

Von einem größeren Standpunkt aus, und wenn wir das bereits geübt haben, die Dinge aus der Sicht des Anderen anzuschauen, da können wir sehen, dass jeder Recht hat. Wir alle. Aus seiner, Ihrer, meiner Sicht, Erfahrungen und Schlussfolgerungen heraus.

Das macht es einfacher, den anderen so sein zu lassen, wie er ist. Und hilft, zur rechten Unterscheidung zu kommen, wann es wichtig ist, meine Vorstellung zu verteidigen, wie die Dinge sind oder zu tun sind, und wann wir den anderen einfach so sein lassen können.

Das führt eindeutig zu einem stressfreieren, glücklicheren Leben :-)

„Besserwisseritis":

Hm, hier kannte ich mich sehr gut aus. Wie gesagt, wenn ich glaube, ich weiss es besser und will das dem anderen mitteilen, eher aufdrücken, macht das auf die Dauer sehr viele Freunde...

Auch hier gilt, wir alle sind bis jetzt durchs Leben gekommen. Trotz und mit besserem Wissen. Also können die anderen Wege und Ausdrucksweisen nicht so erfolglos gewesen sein.

„Vergleicheritis":

Hier verliert immer einer. Komme ich besser in meinem Vergleich weg, fühlt sich der andere mies. Umgekehrt, wenn ich mich im Vergleich unter dem anderen einordne, fühle ich mich schlechter.

Es wird immer einen Besseren geben. Und immer Schlechtere. Aber nur einen, der genauso ist wie sie. Einmalig, einzigartig. Das sind Sie. Sonst keiner. Unvergleichlich.

„Verurteileritis":

Macht auf die Dauer krank, sehr krank. Durch Verurteilung binde ich Aufmerksamkeit, erhaltende kreiernde Energie an dem Unerwünschten. Egal, ob ich mir der Verurteilung bewusst bin oder sie verdrängte. Dadurch gebe ich dem Kraft. Wenn das Ungewollte nun genug Energie hat, tritt es aus dem Feld der Möglichkeiten heraus in unsere Erfahrungen. Wir erleben es.

Und können wieder sagen, ja, es stimmt. Können wiederum die böse Welt oder unsere Schlechtigkeit hassen. Uns als armes, ohnmächtiges Opfer fühlen.

Es wäre sinnvoll, diesen Prozess anhalten zu lernen und diese Schaffenskraft auf das Gewünschte zu richten, statt damit uns das Ungewollte wieder und wieder zu präsentieren.

Die meisten von uns wissen genau, was sie nicht wollen. In ellenlange Aufzählungen. Aber frage sie beziehungsweise fragen Sie sich mal, was Sie wollen. Das haben wir nicht so sehr gelernt, zu wissen, was wir wollen. Das andere schon, das können wir richtig gut. Also gilt es, für schöne Erfahrungen in unserem Leben, herauszufinden, was wir wirklich wollen:

Was wollen Sie?
Was wollen Sie wirklich?
Was wollen Sie wirklich wirklich?
Was wollen Sie fühlen, erleben, erfahren?

Was würde Liebe jetzt tun? Was wollen Sie jetzt tun?

Oft genug denken und glauben wir, das geht alles nicht, was wir da wirklich wollen. Vielleicht kommt beim Nachdenken und Reinfühlen zu diesen Fragen bei Ihnen ein Gefühl der Traurigkeit hoch, der Schmerz Verlustes. Das ist verständlich. Wir lernten von unseren Altvorderen, „realistisch" und „vernünftig" zu sein. Träume sind Schäume. Quatsch.

Unwissenheit und Angst, gerade dieser vom Leben, vom Fühlen, von der Verbindung mit dem Sein, der Erde, der Natur abgetrennten „hochentwickelten" westlichen Zivilisation führt zu solch seltsamen Überzeugungen und Glaubenssätzen, die wir netterweise vererbt bekommen.

Die Zusammenhänge und Gesetzmäßigkeiten, wie wir unser Leben in alle Feinheiten hinein als – sich dessen meist unbewusster – Schöpfer gestalten, erforschte und lernte ich ausführlich. Wir sind keine Opfer. Und keine Täter.

Wir kreieren unser Leben, all unsere Erfahrungen, all unsere Erlebnisse, wie die Welt und das Leben ist, selbst. Alles. Das mag in Ihnen zu Widerstand und Aufschrei führen. Es ist trotzdem so.

Das Erschaffen geschieht erstmal unbewusst. Deswegen kommt es uns so vor, als ob die Umstände im Außen uns bestimmen, wir darüber keine Macht haben. Dass die Ereignisse einfach geschehen.

Sie sind jedoch nur äußerer Ausdruck und Spiegel unserer inneren bewussten und unbewussten Gefühle, Widerstände, Beurteilungen, Verurteilungen, häufig wiederholten Gedanken, Glaubenssätze und Überzeugungen. Und dankenswerter Weise immer wieder mal der Gnade des Göttlichen.

Unsere größeren Seinsanteile, zu denen wir erst wenig Verbindung haben, planen unsere Erfahrungen im Vorfeld unserer Inkarnation (Leben in einem physischen Körper). Im Laufe unserer Lebenszyklen begreifen wir immer mehr, dass wir das sind, der erschafft. Und machen das immer bewusster. Aus der nicht verbundenen Dreiheit unserer Bewusstseine und dem Chaos daraus wird immer mehr eine Einheit, die bewusst kreiert. Im eleganten, effektiven Verbund mit den anderen Wesen.

Ich gebe das Wissen darum und das damit verbundene andere Tun, Sein und Erfahren gern weiter.

Also - dieses Jahr 1997 war eine Zeit, in der mein altes Weltbild zertrümmert wurde und ich mich die ersten einunddreißig Jahre meines Lebens hinters Licht geführt fühlte vom Leben und von unserer Gesellschaft.

Denn der größte Teil der Wirklichkeit war mir bis dahin nicht bekannt gewesen. Ich musste die Bezüge neu setzen und neue Zusammenhänge schaffen, wie die Welt und unser Leben wirklich funktioniert. Das war nicht immer einfach, weder zu verstehen noch zu leben.

Die vielen Bücher, die ich innerhalb kürzester Zeit las, verbunden mit meinen eigenen Erlebnissen, machten mir ganz schöne Knoten im Kopf.

Die erst ungewollte Ausbildung zum Geistheiler

Nach diesem heißen Sommer lernte ich im Herbst 1997 Horst Krohne kennen und schätzen. "Endlich mal ein bodenständiger Mensch in diesem abgehobenen Zeugs." dachte ich. Bei ihm machte ich mein erstes Seminar. Ich sah ihn zu der Zeit als Lehrer, dem ich Fragen stellen konnte über die Dinge, wie sie sind, und was ich davon nicht verstand.

Im Seminar sah ich, dass sein Hauptanliegen war, geistige Heilweisen zu vermitteln. Denn nun hatte ich heilende Hände, ein geöffnetes Herzchakra und mediale Verbindungen zu einem sogenannten Geistführer erhalten, einem nichtkörperlichen Helfer.

Und mein Lehrer sprach von zu übernehmender Verantwortung, wenn man eine solche Gabe bekommen hatte (diese Gaben auch wirklich während der Ausbildung zu erhalten, das war weder sicher noch selbstverständlich), und dass man sie auch tatsächlich nutzen sollte.

Ich war zu geistigen Heilweisen wie die Jungfrau zum Kinde gekommen, dachte ich damals. Ich kam nicht auf die Idee, dass es so etwas gibt wie Führung, Bestimmung, Lebensaufgabe und Vorbereitung darauf.

Von nun gab es Gelegenheiten, diese heilende Gabe anzuwenden. Im Freundeskreis, bei Verwandten, bei Bekannten, unter anderen Heilern. Ich hatte viel Freude daran, lernte sehr schnell und setzte meine Erfahrungen um. Ich erlebte berührende Heilungen, Wunder.

Natürlich auch, das scheinbar nichts geschah.

Als Beispiele:

Mein Lehrer zeigte uns, wie man Knochen „weich" macht und in die Länge zieht, sodann wieder „festigt", um zum Beispiel erhebliche Beinlängenunterschiede auszugleichen. Bei der ersten Vorführung war ich noch sehr misstrauisch und dachte, über das Verschieben des Becken kann man die scheinbare Beinlänge selbst sehr verändern. Aber am nächsten Tag brachte der Proband völlig verblüfft seine Jeans wieder mit: Sie war ebenfalls an einem Bein deutlich sichtbar verlängert.

In einem späteren Beispiel war ich selbst frisch mit Vaterschaft gesegnet. Deswegen berührte es mich sehr, als ich in der Ausbildung in Österreich bei ihm erlebte, das bei einem fünfjährigen Jungen mit einem Beinlängenunterschied von etwa fünf Zentimeter innerhalb vier Behandlungen der Unterschied egalisiert war.

Der Kleine war so glücklich, als er hinaus ging.

Wir lernten auch, wie man einen Knochenbruch innerhalb von wenigen Minuten heilen kann. Ich habe selbst mehrere Fälle gehabt, die durch Röntgenaufnahmen meinen immer wieder zweifelnden Verstand überzeugten.

Beim ersten Mal wollte ich es kaum glauben. Eine ältere Frau aus meinem ersten Heilkreis brach sich ein Stück Knochen am Ellbogen ab, als sie Neujahr 2001 bei einem Spaziergang ausrutschte und hinfiel. Wir behandelten sie energetisch im Heilkreis. Die Röntgenbilder danach konnte ihr Arzt nicht erklären. Er glaubte, die

Bilder seien vom Datum her vertauscht. Es sah aus, als ob der Knochen nie abgesplittert wäre.

Ein Kind mit einem Trümmerbruch des Sprunggelenks behandelte ich auch. Sie beschwerte sich kurz darauf, dass es noch weh tut. Ich überlegte, bis ich begriff, das hier der vormals gesplitterte Knochen ja auch Muskelgewebe verletzt hatte, was ihr noch schmerzte.

Später war ich Zeuge und Mitheiler bei Materialisationen von Bindegewebe, das erste Mal bei einer 72-jährigen Dame mit einem Uterusprolaps (Gebärmuttervorfall).

Bei solchen Fällen durchströmte mich für nur wenige Sekunden eine ungeheuer starke Energie. Es fühlt sich an wie flüssiges Feuer, dass in meinem gesamten Körper läuft und brennt. Wenn ich das erlebe, glaube ich, bei längerer Dauer des Energieflusses brennt mein physischer Körper durch.

Einmal rief mich eine gute Freundin völlig aufgeregt an, neben ihr hat ein Freund einen Herzinfarkt. Für etwa zwanzig Sekunden lief dieses heiße Strömen durch mich. Dann beendeten wir unser Telefonat und ich vergaß es.

Einige Monate später bei ihrer Geburtstagsfeier bedankte ein wildfremder älterer Mann sich bei mir für seine Lebensrettung und ich stand erstmal peinlich berührt auf dem Schlauch, weil ich ihn einfach nicht kannte.

Hieb- und stichfeste Erklärungen, wie das funktioniert, habe ich nicht. Ich leitete mir verschiedene Deutungsansätze und Modelle ab, wie energetisches Heilen funktionieren könnte.

Zum einen aus meinem Wissen, dass jede scheinbar feste Materie (also die paar „festen" Dinge wie Atome in den Weiten des Vakuums) schlussendlich nur langsamer schwingende Energie ist; sozusagen stehende Wellen verschiedener Frequenzen und Amplituden (Schwingungsstärken).

Des Weiteren aus Vergleichen mit harmonikalen und physikalischen Gesetzen. Zum anderen aus meinen Erfahrungen mit Aurasehen und Außerkörperlichkeit.

Wenn wir also von einem Weltbild ausgehen, in dem wir uns als stehendes Wellenbündel (Energiefeld) mit vielen verschiedenen Frequenzen in unterschiedlichen Stärken ansehen, das Energiepotentiale enthält; und nicht als feste Materie (wovon das meiste eben Vakuum, Leere zwischen den Atomen ist, und diese wiederum kann man als Wellenbündel betrachten), dann wird das vorstellbar, dass ein Heiler diese Energien in uns zum Positiven verändern kann – bis hin zum Ausdruck als körperliche oder auch seelische Gesundung.

Bei solchen Beispielen anzunehmen, dass das Ich – mein Tagesbewusstsein – Heilung bewirkt, ist ein gefährlicher Irrglaube. Solche Dinge geschehen aus einer großen Gnade heraus, auf die wir keinen Einfluss haben und werden durch wesentlich höhere Bewusstseinsebenen getan. Meine Aufgabe ist es dabei, ein möglichst guter Kanal für solch hoch schwingende Energien zu sein.

Der Heiler schwingt sich ein auf den Patienten, den er gerade behandelt und dieser geht in Resonanz und nimmt die Heilenergie oder besser Heilinformation auf.

Das haben bereits in den Neunziger Jahren Experimente mit Elektroenzephalogrammen (EEG's, Messung der elektrischen Gehirnaktivität) und Wärmebildkameras gezeigt.

In meinem Buch über moderne Geistheilung gehe ich darauf genauer ein.

Solche Wunder wie gerade beschrieben sind höchstens zwei bis vier Prozent der Fälle, bei weiteren zwanzig Prozent kann Gesundung sehr zeitverkürzt geschehen. In bis zu einen Drittel der Behandlungen geschieht auch nichts.

Man kann keine Voraussagen oder Versprechungen im Einzelfall machen. Das gilt aber genauso für die anderen Heilrichtungen auch. Medikamente wirken auch nicht in allen Fällen, genauso wenig wie andere alternative Heilmethoden.

Und später lernte ich durch meinen Wunsch nach vollständiger Übersicht, dass „Geistheilung", „energetische" oder „geistige Heilweisen", wie auch immer benannt, sich erheblich in Wirksamkeit und Effektivität unterscheiden können. Das geht von „nur" Wellness-Gefühlen in und nach der Anwendung bis zu den beschriebenen scheinbaren Wundern.

Denn ein Heilungs-Wunder durch Magie von heute bedeutet nur, das wir im Unwissen über die Gesetzmäßigkeiten und Zusammenhänge sind.

Ein Fernsehapparat mit Bildern und Stimmen aus dieser Kiste wäre vor zweihundert Jahren auch unerklärliche Zauberei.

Meistens jedoch ist der Weg der Heilung ein Weg der Bewusstwerdung auf einer bestimmten Ebene, warum Sie zum Beispiel krank wurden, und die korrigierende Information anzunehmen und umzusetzen.

Das geschieht auf der tagesbewussten Ebene durch Akzeptanz und Vergebung. Oft genug sind es auch Lernprozesse der Seele, die im Unbewussten stattfinden. Die Kraft zur Selbstheilung kommt aus den Schwingungsfrequenzen, deren Wahrnehmung wir mit Liebe benennen.

Das ist die größte Heilkraft: Die Liebe.

Egal, ob man das Heilenergie, Heilinformation, Heilkraft, Herzchakra-Kraft oder hoch, besser gesagt, schnell schwingende Chakra-Energie nennt, es ist einfach nur Liebe.

Liebe:
Kraftvoll, mächtig, intensiv und doch sanft annehmend auf Zustimmung und Einladung wartend. Heilend, verbindend, bedingungslos, vereinend, voll Gnade, wunderbar.

Es gibt für mich trotz der eben genannten Beispiele keine Spezialisierung – mit den über fünfzig erlernten Arten geistiger Heilweisen kann ich bei jeder Krankheit die Selbstheilungskräfte von Körper, Geist und Seele aktivieren, aber durch sie längst nicht jeden Menschen heilen.

Tom Johanson war ein großartiger englischer Geistheiler alter Schule, der 2003 verstarb. Er sagte sinngemäß mal, mit Geistheilung sei zwar schon mal jede Krankheit geheilt worden, aber man kann damit nicht jeden Menschen heilen.
Horst Krohne meinte, wenn ein Klient zu un-heil-voll ist, muss man ihn weiterschicken, denn mit Geistheilung ist ihm dann nicht zu helfen.

Es gibt viele Gründe, von denen wir nicht alle kennen lernen werden, warum jemand im Einzelfall nicht gesund wird:

- Die Seele will die Krankheit selbst ausheilen lernen.
- Karma (Gesetz von Ursache und Wirkung).
- Der Patient hat mehr Vorteile davon, krank zu bleiben (weil sich der Partner oder Mitmenschen dann um ihn kümmern).
- Die Chemie zwischen Heiler und Patient stimmt nicht.
- Der Patient will nicht mitmachen, aus welchem Grund auch immer, bewusst wie unbewusst.
- Der Patient will lieber gesund werden als gesund sein.
- Der Glaubenssatz „Mir kann keiner helfen." ist zum Beispiel durch eine erfolglose Reise durch viele Therapeutenhände oder durch einen unbedachten Satz wie etwa „Damit müssen Sie leben." aktiviert worden von jemanden, den der Patient für eine Autorität hält.

Diese Beispielliste ist natürlich weiter fortführbar.

Drei Jahre wehrte ich mich dagegen, die Folgen aus dieser Gabe anzunehmen. Ich war der Ansicht, dass mit Mitte Dreißig nicht mehr die Zeit ist, etwas komplett neu zu lernen, einen vollkommen neuen beruflichen Weg einzuschlagen.

Nicht sah ich die Möglichkeit, dass alles Vorherige durchaus eine Entwicklung dahin sein könnte.

Mein Schwanken und eigene Entwicklung – aus Saulus wird Paulus

1999 schlug das Pendel in die andere Richtung aus, ich wandte mich sehr körperlichen Dingen zu: Mit Bodybuilding und Segeln verbrachte ich sehr viel Zeit. Meine Frau hatte berechtigte Angst, dass unsere Ehe zerbricht, wenn ich zu schnell in den heilerischen und spirituellen Dingen vorwärts ginge. Ich versuchte mich, anzupassen. Aber das geistige Heilen war das, was mich erfüllte und glücklich machte. Wenn wieder das Strahlen in die Augen meines Gegenüber zurückkehrte.

Genau diesen Konflikt hatte ich auch in meiner Erwerbsarbeit. Ich arbeitete in diesen Jahren in der IT-Branche im Vertrieb eines amerikanischen, später eines deutschen Softwarehauses. Und ich war mit den Menschen dort und dem Klima sehr zufrieden. Zufrieden war ich, aber nicht erfüllt oder glücklich.

Im Jahr 2000 entschied ich mich – für einen möglichen Wechsel zu selbstständigen Tätigkeiten. Das Leben sorgte in der Zeit für ein Wachrütteln in all meinen Bereichen, vor allem in der Beziehung zu meiner damaligen Frau. Nach der Trennung vollendete ich meine Ausbildung in geistigen Heilweisen bei Horst Krohne und machte meine Heilpraktikerausbildung nebenberuflich.

Denn bis März 2004 konnte man in Deutschland nur in einer rechtlichen Grauzone als freier Seelsorger heilerisch arbeiten oder Heilpraktiker werden, um Geistheilung (energetisches Heilen) zu praktizieren.

Heilfroh war ich trotzdem über die Ausbildung :-)

Ein Heilpraktiker macht eigentlich erstmal eine schulmedizinische Grundausbildung. Ich finde das wichtig für die Grenzen des eigenen Tuns und um Notfälle erkennen zu können.

Ich lernte in den Jahren von vielen anderen Heilern, und ich lehrte bereits, zum Beispiel in Heilkreisen. Dort trafen und treffen sich moderne Geistheiler, um voneinander zu lernen, sich zu unterstützen und den Glauben nicht zu verlieren an die Möglichkeiten geistiger Heilweisen. Denn unser Verstand, unser Ego will uns das immer wieder in Abrede stellen.

Außerdem forschte ich intensiv weiter im Bereich der Funktionsweise des menschlichen Bewusstseins und der zwischenmenschlichen Prozesse, zum Beispiel in Beziehungen. Und wie das Erlernte anwendbar ist auf das private und berufliche Leben.

Mit Pausen forsche ich seit 2005 in den Begrenzungen, die ich von meinen Lehrern mitbekam. Das heißt, ich erkunde das mögliche Nachwachsen von Zähnen, Organen und Gliedmaßen sowie die Korrektur von Augenfehlsichtigkeit.

Durch meinen eigenen Schmerz in Partner-Beziehungen und durch meine damaligen Patienten, kam ich immer mehr zur der Beschäftigung mit der Entstehung von Krankheiten, dem Zusammenhang von Psyche und Soma, der Psychosomatik.

Das führte mich zu den Gesetzmäßigkeiten, wie unsere Psyche, unser Bewusstsein aus geistiger Sicht funktioniert. Zur Frage und zur Antwort, was das wirklich ist – Bewusstsein. Und wofür das ganze Leben hier überhaupt gut ist.

Bis zu der Zeit im Jahr 2000, in dem die wahre Rückreise zum Fühlen meiner Gefühle und Emotionen begann, und dem nächsten großen Schritt 2005 in diesem Lernbereich war ich noch sehr getrennt von meinen Gefühlen. Und ich war in meiner Lebensgestaltung und Lebenserfahrung gefangen – in mir kaum bewussten Überzeugungen, Glaubenssätzen sowie Projektionen und Widerständen auf Unangenehmes und Schmerzhaftes in meinem Leben.

Als Beispiel, wie sich die Verdrängung von meinen (natürlich vor allen Dingen unangenehmen) Gefühlen auch in der außersinnlichen Wahrnehmung spiegelte:

Erst 2001, also vier Jahre nach dem Beginn des Aurasehens, konnte ich das erste Mal die wunderschönen, zarten und doch intensiven Pastellfarben der Gefühlsaura sehen. Bis dahin war ich sehr gut im Sehen der Strukturen wie zum Beispiel der Chakrentrichter, der Farben und der Energieflüsse der anderen Energiefeldschichten. Aber das Farben sehen der Gefühlsaura war einfach nicht da.

Ich war gerade für meine Softwarefirma auf der Systems-Messe in München, als ich in einer Essenspause verzückt der schönen Musik einer Jazzkapelle lauschte.

Aus dieser Entspannung und dem Nachfühlen der Musik heraus sah ich auf einmal diese wunderschönen Farben um die Menschen herum gegen den weißen Hintergrund.

Wow, wie schön jeder Mensch ist.

Und Anfang 2002 kam der erste Kontakt mit der Hilflosigkeit und Ohnmacht als Heiler.

Eine junge, 29-jährige hübsche blonde Frau starb an Brustkrebs. Obwohl sie alle humanmedizinischen Möglichkeiten nutzte und begleitend von uns im Heilkreis energetisch behandelt wurde. Das hatten wir zu verarbeiten. Anzuerkennen, dass wir nicht alles können, nicht jeden retten können – wovor überhaupt?

Das Sterben des physischen Körpers ist nur wie das Ablegen eines Kleides, das hatte ich bereits selbst oft genug erfahren. Und unser Lebensweg hört nicht auf, nur weil wir uns jetzt in anderen Existenzbereichen aufhalten. Wir kennen auch nicht den großen Plan unserer Seele. Was wäre das auch für ein Spiel, wenn wir alles schon im Vorhinein wüssten?

Aber es ist ein Unterschied, darüber nachzudenken oder es zu erfahren und zu fühlen.

Mein Bewusstsein und mein Verständnis der Welt und der seelisch-geistigen Zusammenhänge wuchsen unterdessen weiter. Ich bildete mich in spirituellen Psychologieformen weiter wie zum Beispiel der „Psychology of Vision" von Chuck und Lency Spezzano, zwei sicherlich großartigen Menschen.

Gleichzeitig verglich und überprüfte ich dieses Knowhow in meiner Patientenarbeit. 2002 hörte ich auf, als kaufmännischer Angestellter zu arbeiten und ging in Elternzeit. Nach meiner leider zweiten Scheidung eröffnete ich 2005 meine hauptberuflich geleitete Praxis für Geistige Heilweisen. Weil ich öffentlich nun als das auftreten durfte, was ich sein wollte, schloss ich auch nicht die Heilpraktikerausbildung ab.

Ich bin moderner Geistheiler.

Mit kraftvollen energetischen Heilweisen aktiviere ich die Selbstheilungskräfte meiner Patienten.

Und ich unterstütze sie als Lebensberater und -lehrer.

Mein Fokus verlagerte sich im Laufe der Jahre mehr und mehr in Richtung Prävention.
Ich wollte den Klienten vermitteln, wie sie nach einer gegebenen Gesundung oder bevor sie erst krank werden, selbst dafür sorgen können, gesund zu bleiben.

Und ich kam mehr und mehr von der Einzelarbeit in die Gruppenarbeit zur Weitergabe meines Wissens und der Fähigkeiten, die ich erwarb und entdeckte.

Ich fing früh an, 1997, andere Geistheiler zu unterstützen und bilde energetische Heilweisen seit 2006 auch aus.

Unternehmen zeige ich, wie interne Probleme im Kommunikationsfluss, von denen viele nicht mehr in den Führungsetagen (dort oft auch vorhanden) wahrgenommen werden, mit einer anderen Sicht- und Fühlweise nachhaltig gelöst werden.

Wie Vertriebstätigkeit, Führungs- und Teamfähigkeit durch Einfühlen und Ausstrahlen von Akzeptanz, Anerkennung und Ebenbürtigkeit auf eine ganz neue Art deutlich verbessert werden.

Wie Strukturen der Organisation durch Einzel- und Gesamtbehandlung sich heilen können.

Dieses Know-how, die Kenntnisse und Fertigkeiten, die ich unterrichte und vermittle, es ist für alle Seiten, Bereiche, Situationen des Lebens anwendbar – als Privatperson wie als Gruppe, Team, Organisation oder als Unternehmen.

Denn – ich bin der Herzöffner ♡.

2006 – wichtige Ereignisse

So erlebte ich zum Beispiel im Februar 2006 einen weiteren Schritt in meiner spirituellen Entwicklung. Erst am Ende des Tages bemerkte – und dachte – ich, dass ich den Tag über komplett ohne Gedanken zu denken verbracht hatte. Ich handelte, redete – alles ohne zu denken. Ich meine damit nicht die gern verspottete Art, leichtfertig und „gedankenlos" durchs Leben zu gehen.

Sondern ein größerer Teil meines Bewusstseins hatte erstmals über längere Zeit die Führung im täglichen Leben übernommen.

Immer mehr in diesem Jahr übernahmen höher schwingende, über mein Tagesbewusstsein hinaus gehende Bewusstseinsanteile die Führung während meiner Behandlungssitzungen, und in den Folgejahren zunehmend auch die Führung in meinem Privatleben.

Das Einlassen auf auch mal schmerzhafte eigene Weiterentwicklung ist unerlässlich für einen guten Heiler. Ich lernte viel in und über Partner-Beziehung.

In der Arbeit hatte und habe ich für meine Klienten nie großes Mitleid, nur sehr viel Mitgefühl. Das ist ein Unterschied. Zusammen mit viel Humor und Demut (Mut zu dienen) hatte und habe ich viel Freude in meiner Arbeit als Geistheiler.

Zu meiner ersten Sterbebegleitung kam ich sehr ungewollt. Eine gute Freundin von mir hatte Brustkrebs. Sie und ihr Mann halfen mir in einer großen Lebenskrise

und brachten mich wieder über meine Körperwahrneh-
mung in Verbindung mit meinen Gefühlen.

Eine gute Heilerin war sie.
Sie sah meine medialen Fähigkeiten und forderte
mich auf, außer meinem Hell-Sehen mein Hell-Fühlen zu
üben und zu nutzen, um energetische Ungleichgewichte
herauszufinden. Das tat ich mit aus meiner Sicht auch
für mich unglaublichen Ergebnissen.

2004 durfte ich sie erstmals behandeln und es
herrschte für etwa anderthalb Jahre Ruhe im Krebsge-
schehen. Leider war sie dogmatisch gegen die schulme-
dizinischen Therapiemöglichkeiten eingestellt. Eine
„normale" Operation hätte ihr aus meiner Sicht zumindest die Zeit beschert, um an den psychosomatischen
Gründen ihres Krebses zu arbeiten. Vielleicht hätte eine
eventuelle operative Tumorentfernung auch die Heilung
gebracht, wenn der Krebs nicht dabei streute oder gege-
benenfalls aufgrund ihrer Denk- und Fühlweise oder ihres Karmas wieder gekommen wäre.

Sie verweigerte jedenfalls kategorisch eine Operation
und versuchte, sich selbst mit alternativen Methoden zu
heilen. Ich respektierte das. Als es bereits vom Krank-
heitsverlauf her aus normaler Sicht zu spät war, suchte
sie Hilfe von außen. Das Brustgewebe war bereits ne-
krotisch (abgestorben) und aufgebrochen. Vier Geistheiler und ein erfahrener Allgemeinmediziner begleiteten
sie und versuchten ein Wunder.

Ich wurde öfter gerufen, wenn es wieder einmal zu
Ende gehen könnte. Und ich erlebte bei diesen Beglei-

tungen eine so große Menge an bedingungsloser Liebe, wenn wir – ich und die Sterbende – uns in die Augen schauten, wie ich es nie zuvor erfuhr. Ehrfürchtig war ich ergriffen davon. Das änderte meine Sicht zum Sterben erheblich und vertiefte meine persönliche Verbindung zu ihr sehr.

Zur Eröffnung meiner Praxis erhielt ich von ihrem Mann, der ein sehr guter spiritueller Maler ist, drei für mich wunderschöne Bilder geliehen. Sie drücken aus, was mir in meinem Leben wichtig ist:

- In der Partnerschaft von der körperlichen bis zur geistigen Liebe alles zugleich leben.
- In Verbindung und Nähe zum Anderen bleiben.
- Altes Leid liebevoll in Leichtigkeit transformieren.

Als es zu Ende ging, erhielt ich diese Bilder als Dank für meine Unterstützung geschenkt. Dafür bin ich sehr dankbar. Sie hängen in meiner Praxis und erinnern mich jeden Tag aufs Neue an das mir Wichtige. Ich denke heutzutage noch oft an diese Freundin und ihre Weisheit. Ich bin dankbar für die Begegnung und Freundschaft mit einem so großartigen Menschen.

Aus meiner Sicht ist ihr Fall ein starkes Beispiel, dass gegenseitige dogmatische Ablehnung nicht angebracht ist, sondern das alle Seiten, Humanmedizin, Naturheilkunde, Psychologieformen und energetische Heilweisen zum Besten des Patienten zusammenarbeiten sollten. Denn Geistiges Heilen kann längst nicht alle Krebserkrankten heilen und umgekehrt die Schulmedizin und Naturheilkunde auch nicht.

Aber zusammen erzielt man größere Erfolge als jeder für sich allein. Das gilt für alle Krankheiten.

Da es für eine Gesundung des Körpers und auch der Psyche aus meiner Sicht wichtig ist, dazuzulernen und sein Bewusstsein zu erweitern durch Fühlen von bisher verdrängten Gefühlen und Aufgeben von Verurteilungen, habe ich mich sehr damit beschäftigt.

In diesem Rahmen kam ich in einem Bewusstseinsseminar, in dem ich auch Trainer bin, zu der ungesteuert, aber absichtsvoll hervorgerufenen Erfahrung von bedingungsloser Liebe.

Und konnte in meinen darauffolgenden Erfahrungen deren verblüffender Heilwirkung im Seelischen, Psychischen und Körperlichen erleben.

Gerade im Vergleich zu der langsamer, schwächer schwingender Form von Liebe mit Bedingungen, wie zum Beispiel: „Nehme diese energetische Heilinformation und werde gesund." Das macht Druck und bewirkt durch eben diese Druck machende Bedingung Gegendruck. Das wiederum erfordert energetisches Ankämpfen meinerseits und erschwert die Aktivierung der Selbstheilungskräfte des Patienten.

Es ist sehr schwer, solche Erfahrungen schriftlich rüber zu bringen, weil unsere Gesellschaft, unsere Kultur das Wort „Liebe" zu einer inhaltsleeren Hülse gemacht hat.

Wir haben Liebe so sehr mit falsch verstandenen Bedeutungen, schlechten Erfahrungen und Urteilen besetzt und das ursprüngliche Gefühl beziehungsweise Liebe gar als Bewusstseinszustand überhaupt nicht mehr erfahren.

Das haben fast alle Menschen vergessen, dass man Liebe wirklich fühlen kann. Dabei ist es unser natürlicher Seinszustand.

Ich kann Ihnen das am Besten über Ihre persönliche, eigene Erfahrung wieder vermitteln.

Ich verstand sofort, was ich da fühlte. Das ich den Sprung von der bedingten Liebe in die bedingungslose Liebe gemacht hatte. Das ich von nun nicht immer, aber immer öfter durch eigene Entscheidung in diesen wunderschönen Zustand wechseln konnte.

In meiner Heilarbeit kam es deswegen zu einem großen Sprung vorwärts: Ich hatte in meiner Heilerausbildung gelernt, das sogenannte Herzchaka (ein wichtiges Energiezentrum auf Höhe des Herzens) zu öffnen und die Heilenergie fließen zu lassen. Das fühlte sich an wie ein heißes schönes Strömen hinter dem Brustbein. Ich begriff dabei erst Jahre später wirklich, das das eigentlich Liebe ist, die da fließt in der Heilarbeit.

Aber die ersten Jahre eben noch mit einer menschlich verständlichen Bedingung an den Patienten verknüpft: „Nimm dies und werde heil." Das erzeugt wie bereits gesagt auch Druck und bewirkt damit zwangsläufig Gegendruck.

Das heißt, der Patient geht unbewusst in Widerstand und Ablehnung zur Heilenergie. Der mögliche Erfolg wird geringer oder auch schwerer zu erreichen.

Durch meinen Wechsel in die bedingungslose Liebe verbesserte sich also meine Heilarbeit erheblich, die Aktivierung der Selbstheilungskräfte.

Ich arbeitete über den Jahreswechsel 2006/2007 mit einem guten Freund daran, das Know-how über erfolgreiche Lebensgestaltung zurück in das Wirtschaftsleben zu übertragen, um Firmen eine sehr deutliche Verbesserung ihres Unternehmenserfolges auf allen Ebenen zu ermöglichen.

Dabei bekam ich spielerisch eingegeben, wie ich diese Fähigkeit der intensiven, körperlich spürbaren bedingungslosen Liebe vermitteln kann – durch meine Hell-Fühl-Fähigkeit und einer genial einfachen Art, die Menschen dahin zu bringen, bedingungslose Liebe selbst hervorzurufen.

Die damit verbundenen Möglichkeiten, die die Leute bekommen, ihr Leben wirklich sofort zu ändern, sich selbst zu heilen und in Freude zu leben, sind fast unglaublich.

Zu guter Letzt ein schönes Beispiel, dass die ganze Plackerei und Bewusstseinsarbeit sich lohnte:

Im September 2006 arbeitete ich als Bewusstseinstrainer zwei Wochen in den Niederlanden. Auf dem Heimweg Richtung München besuchte ich über Hannover fahrend meine Eltern am Westrand des Harzgebirges.

Acht Wochen vorher bearbeitete ich in einem Seminar eine der letzten großen Schichten, die mir gescheiterte Beziehungen bescherten. Nach einer Ebene voll großer Angst, verlassen zu werden, kam ich zu einer riesigen prinzipiellen Angst vor Frauen.

Ich fühlte diesen Stausee an Angst über mehrere Tage ab und löste dann mit einem speziellen Bewusstseinswerkzeug die Angst und deren Ursache auf.

Nun, ich bin der Sohn meines Vater und der Vater meines Sohnes. Lebensthemen, die wir aus meiner Sichtweise hier auflösen und heilen wollen, geben wir durch Resonanz weiter beziehungsweise bekommen sie von unseren Eltern und Ahnen übertragen – nach meiner Meinung vor unserer Inkarnation absichtsvoll durch unser größeres Sein selbst gewählt.

Meine Mutter erzählte mir bei diesem Besuch, dass mein Papa auf einmal so anders sei. Sie wüsste nicht, was mit ihm los ist. Auf einmal umarmt er fremde Frauen. Und sie umarmt er auch viel öfter. Und das Ganze seit acht Wochen...

Es war an dem Tag das erste Mal in meinem Leben, dass ich mit meinen Eltern in einer Kneipe war. Wir tranken Bier und scherzten.

Ich spürte eine schöne, tiefere Verbindung. Oh, wie dankbar ich war und mich freute.

Selbst mein alter Herr hatte die Themenauflösung von mir (unbewusst) aufgegriffen und zu einer eigenen Heilung genutzt. Ohne es zu wissen, was ich tat. Nur durch Resonanz.

Wunderbar.

Ausklang und Appell

Die weiteren Jahre seitdem liefen eher ruhig ab. Weiter und tiefer ging meine Entwicklung als Mensch und Heiler.

Zum Beispiel erlebte ich vor drei Jahren noch eine neue, tiefere Verbindung zu meinem Sohn, in der wir durch einen Wutanfall meinerseits beim Johannisbeeren pflücken (nicht über ihn) zu einem schönen Verständnis füreinander kamen. Dafür bin ich sehr dankbar.

Meine Präsenz im Hier und Jetzt stieg und steigt weiter. Nicht immer, aber immer öfter. Egal, welcher Trubel um mich herum sich abspielt, welche Gefühle ich auch fühlen und ausdrücken mag:

Ich bin in Verbindung mit dem tiefen Frieden in mir gelangt. Das ist einfach wow!

Trotz dieser Verbindung heißt das nicht, dass es in meinem Leben nicht mit vielen, auch unangenehmen intensiven Gefühlen und ungelösten Mustern rund gehen kann. Das tat es und das tut es.

Denn das Leben hier auf dieser Welt folgt den geistigen Gesetzmäßigkeiten: Auf ein Auf kommt ein Ab. Nach dem Tief kommt ein Hoch.

Auch die dunkle Nacht der Seele, die tiefe Traurigkeit, Schuld- und Schamgefühle mit daraus resultierender Handlungs- und Kommunikationsunfähigkeit, Selbstbestrafungs- und Selbstzerstörungsmuster, das Scheitern, Armut, Wohnungslosigkeit, ohne Einkünfte sein, zu einer Essens-Tafel gehen müssen, Verzweiflung, Machtlosigkeit in Bezug auf eigene Wünsche und andere Menschen, große Angstanfälle – zum Beispiel in Verlustangst oder Existenzangst – und die Depression sind mir wahrlich nicht unbekannt; wie in einigen Beispielen angedeutet.

Die Balance immer wieder zu finden mit Hilfe von Annahme, Akzeptanz, Selbstachtung, Vergebung, Selbstausrichtung und zuversichtlicher Tatkraft ist die Aufgabe für mich, für uns.
Das ist nicht immer einfach, das habe ich auch erfahren. Doch es lohnt sich!

Mein Herzblut steckt in der Arbeit mit Klienten und in meinen Seminaren, in denen ich meinen Mitmenschen zeigen kann, wie sie ganz leicht in das Hier und Jetzt sowie in Verbindung zu sich und ihren Gefühlen kommen.

Und zu zeigen, was das für sie bedeutet: In die ungeahnte Kraft ihrer bedingungslosen Liebe für eine durchschlagende Veränderung ihres Lebens zu gelangen. Für eigene Gesundung.
Ein ganz anderer Standpunkt, ein ganz anderes Leben für sie!

Und ich freue mich, dass ich außer meiner Praxisarbeit, Beratungs- und Seminartätigkeit für Privatleute und Firmen (Stichwort „Emotionale Führung nach Thomas Karl") noch in vielleicht auch für Sie interessante Projekte eingebunden bin:

• Artabana, eine privatsolidarische Alternative zu den gesetzlichen und privaten Krankenkassen www.artabana.org,

- meiner Vorstandsarbeit im Institut für Gesundheits-
  förderung e.V. in Haar bei München
  www.gesundheit-ifg-muenchen.de,
- der Vorbereitung und Gründung einer umfassenden
  Abbildung des Gemeinschaftslebens in einem Thera-
  pie-, Wohn-, Lebens- und Arbeitszentrum
- und dem Heilerfilmprojekt des Filmemachers und
  Heilers Wolfgang T. Müller:
  www.dieheiler-derfilm.com.

Und die Zusammenarbeit, Vernetzung und gegenseitige Hilfe und Weiterbildung, dem gemeinsamen
Wachstum mit Heilerkollegen und spirituellen Lehrern
aller Couleur begeistert mich, denn ich glaube, die Zeit
der spirituellen Einzelkämpfer ist vorbei – zusammen erreichen wir mehr für alle.

Ich danke Ihnen für ihr Interesse bis hierher und rufe
Ihnen aus vollem Herzen zu:

Geben Sie Ihre Beurteilungen, Projektionen, Anhaf-
tungen und Widerstände auf und fühlen sie Ihre Gefühle, alle.

Leben und genießen Sie Ihr Leben – hier und jetzt.

Fühlen Sie immer mehr und mehr Ihre wahre Natur:

Liebe.

Danke.

e cordibus pluribus unum – hic et nunc

„Aus vielen Herzen wird Eines – hier und jetzt.“

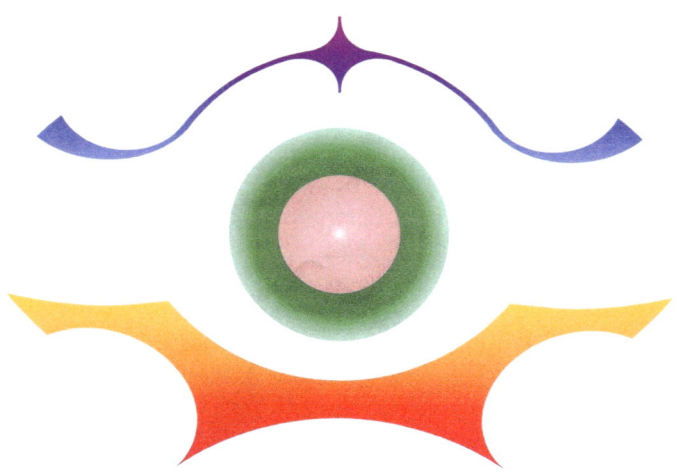

Das Logo entstand 2005 mit Hilfe von Jana Krubert, nochmals vielen Dank an ihre sehr kreative Unterstützung.

Sie finden Sie im Web auf www.jana.krubert.de.

Aus den Händen, denen heilende Energie der bedingungslosen Liebe entfließt, geschützt durch die Taube als Zeichen des göttlichen Segens, wurde eine Schale, die die Liebesenergie trägt und mit der stilisierten Taube oben drüber entstand der Eindruck eines Auges.

Der Verlauf der Regenbogenfarben zeigt die Verbindung mit allen Schwingungen, mit Allem-was-ist.

Thomas Karl

- Moderne Geistheilung nach Horst Krohne und aus eigener Entwicklung
- Kraft und Macht der bedingungslosen Liebe mit Verstand aus der Einheit des Herzens für eine heile, befreite Lebensführung vermitteln
  :-) Ich bin der Herzöffner ♡
- Spirituelle Beratung in allen Lebensfragen
- „Emotionale Führung nach Thomas Karl" – die neue nachhaltige Weise, erfolgreich für alle Beteiligten ein Unternehmen zu führen

Praxis und Schule für Geistige Heilweisen:
www.praxis-geistheilung.de

Vorstellungsseite „Emotionale Führung nach Thomas Karl" für Firmen: www.alles-was-ist.de

Facebook-Seite zur Kraft und Macht der Liebe:
www.facebook.com/supralove4u

Aufgezeichnete Vorträge und Videoclips von mir auf meinem Youtube-Kanal:
www.youtube.com/thomaskarl65

Mehr Informationen zu mir und meinem Tun in Blogs, Vlogs, Interviews, Artikeln im Tab „Über mich" in den Links auf der rechten Seite:
profiles.google.com/thomas.karl.65

Kontakt über eMail: thomas@alles-was-ist.de

Ich liebe meinen Sohn und meine Freundin – auch Laufen, Segeln, faul am Meer oder an einem See liegen.

Alte Steinhaufen anschauen und davon Tagträumen, wie das Leben wohl damals dort gewesen sein mag. Gern hänge ich mit Freunden ab beim Essen und Ratschen.

Ebenso mag ich gern ins Kino gehen.

Und als ganz normaler Mensch mag ich die Annehmlichkeiten, die wir hier uns bereiten können. Ich gebe zu, ich träume vom Ferrari California fahren.

Reisen liebe ich und viele interessante, nette Menschen kennenlernen in tiefgängigen Gesprächen.

Lachen, Sex (ich mag mehr dazu „Liebe feiern mit dem Körper" sagen) und Tanzen liebe ich genauso wie Lesen und Wandern in den Münchner Hausbergen und Alpen oder Spazieren am Meeresstrand.

Und die nächsten Schritte tun, trotz aller Hindernisse, meine Träume hierher zu bringen, zu erleben, zu verwirklichen.

Zu guter Letzt

Wenn Sie sich für meine angesprochenen Projekte interessieren:

- Wie mehr Liebe in unser normales Leben bringen durch vermitteln der Kraft, selbst die Liebe in sich hervor zu rufen, zu fühlen und darin lebend sich machtvoll einzusetzen für Achtung und Bewahrung des Lebens auf der Erde;
- auch dafür, in Unternehmensabläufen Konkurrenz, Angst, Zurückhalten von Wissen und Hilfen, Kampf gegeneinander zu ersetzen durch Anerkennung, Hilfe zum Wohl aller Beteiligten und der Firma, Nutzen der Kreativität und der Potenziale der Mitarbeiter;
- wie vernetzte Zusammenarbeit von Therapeuten und (Lebens-, Unternehmens-) Beratern dafür auf Augenhöhe, in Ebenbürtigkeit;
- oder für mehr umfassend ausgebildete Heiler;
- oder für tiefes Lebenskunde-Wissen und -Knowhow für alle, vor allem Kinder;

dann freue ich mich auch sehr über Ihre Spende, Sachmittel, Verbreitungsunterstützung und Hilfe aller Art (als Ideen zum Beispiel Ihre Mithilfe, Geld, Musik, Illustrationen, Gedichte, Sinnsprüche) für solche Vorhaben.

Das wird Ihnen ein gutes Gefühl geben und vielleicht auch „gute Karma-Punkte" :-)

Setzen Sie sich mit mir in Verbindung, es gilt Ihnen mein herzliches Danke.

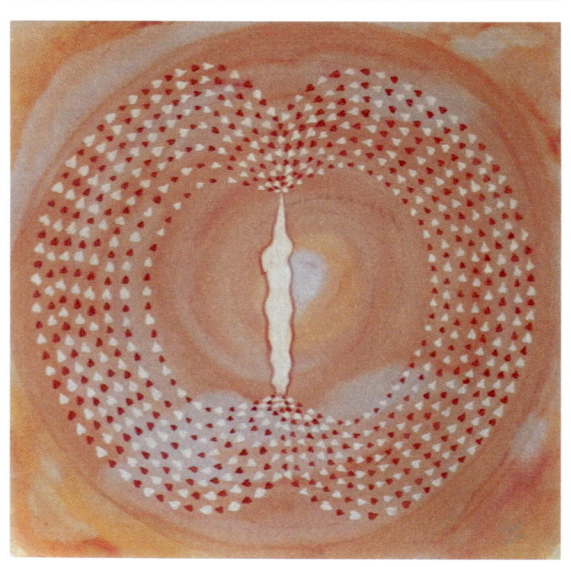

Zum Titelbild

Ab Seite 55 im Kapitel „2006 – wichtige Ereignisse" führte ich an, dass ich drei Bilder erhielt, die das für mich Wichtige im Leben zeigten:

*   *In der Partnerschaft von der körperlichen bis zur geistigen Liebe alles zugleich leben.*
    Das ist auch das Titelbild: Mann und Frau im Herz verbunden, das beide bilden, von der dichten Kraft des Körperlichen bis ins Feingeistige.
*   *In Verbindung und Nähe zum Anderen bleiben.*
    Das zeigt das blaue Bild, in dem zwei Delphine sich berühren, dabei ein Herz bilden und eines zwischen ihren Köpfen tragend, das herunter fallen würde, wenn sie sich aus der Nähe, der Verbindung bewegen würden.
*   *Altes Leid liebevoll in Leichtigkeit transformieren.*
    In und mit Liebe fließende Energieformen werden zwischen den Polen liebevoll umgewandelt.

Der Künstler der drei Bilder auf Leinwand 80x80 cm mit dem Pseudonym „Theo", der solche für mich sehr schöne spirituelle Bilder malt, ist nun in München beheimatet. Er hatte zu dem beschriebenen Zeitpunkt bereits über 170 Motive geschaffen, die er träumt und dann in Zeichnungen festhält, bis er sie auf die Leinwand bringen kann.

Angebotene Seminarthemen und Ausbildungen:

- **Kraft und Macht der Supra-Liebe:**
  Intensiv fühlen und lieben lernen. Erfahren, wie Sie die Kraft der Liebe in Ihrer Herzöffnung zur Selbstheilung nutzen können. Ich bin Ihr Herzöffner ♡.
- **Themenbezogene Seminare,** die auf die erworbenen Fähigkeiten des Fühlen und der starken Herzöffnung des Seminars „Kraft und Macht der Supra-Liebe" aufbauen.
  Zum Beispiel zu den klassischen Lebensthemen wie Partnerschaft, Beruf, Geld und Sexualität.
- **Individuelle Seminare** für Firmen.
- **Schule für Geistige Heilweisen.**
  Lernen Sie selbst die energetischen Heilweisen und medialen Verbindungen, die ich erlernte und entwickelte.
- **Aura sehen und fühlen lernen** von Menschen, Tieren, Pflanzen und Gegenständen. Um selbst zu erfahren, dass wir mehr sind als nur unser physischer Körper.
- **Wege zur Gottes-Erfahrung.**
  Wie kann ich das Göttliche in und um mir selbst erfahren?
- **Astral Reisen:**
  Außerkörperliche Erfahrungen (OOBE's) kennenlernen und üben. Zum Zwecke, anderen zu helfen und nützliche Informationen hierher zu bringen.

Weitere Bücher, Meditationen und Kurse von mir in Vorbereitung:

Nachdem mir wiederholt Menschen aus verschiedenen meiner Lebensbereiche sagten, dass meine Stimme sehr angenehm ist für so etwas (nur singen sollte ich lassen :-)), bin ich audiovisuell aktiv geworden:

• Audio-CD's: „Der Spirituelle Lebenshilfekurs" wird zur Zeit von mir aufgenommen und nach vollständigem Erscheinen auf CD auch als Buch herausgegeben
• Audio-CD's mit Meditationen zur Schwangerschaftsbegleitung und Kontaktaufnahme mit dem Kind
• Audio-CD's mit den Meditationen zu meinen Seminaren und zu meinen Büchern
• „Der Spirituelle Lebenshilfekurs" wird weiterentwickelt für neue Formen wie Online-Nutzung
• Artikel und PodCasts zu Unternehmensberatung und Lebensthemen aus spiritueller Sicht
• kurze Videos zu Themen, die mich und die Welt bewegen, aus meinem und dem Praxis-Leben

In den weiteren Büchern, die ich seit mehreren Jahren vorbereite und schreibe, geht es um:

• *"Göttlich schöner Sex – Wie?"*
In fühlender und liebender Verbindung. Es wird das nächste Buch sein, das erscheint.
Sich tatsächlich tief fühlend wahrnehmend, den anderen tatsächlich tief fühlend wahrnehmend, mit offenem, heißen Herzen die Glut der Verbindung füh-

lend – und dabei die Körper miteinander in Freude, Ebenbürtigkeit, Verehrung die gemeinsame Liebe feiern lassen. Das gleichzeitige Spüren meines Inneren und des Inneren und Äußeren des Gegenübers, das gleichzeitige Spüren des elektrisierenden Streichelns, der den Körper entlang laufenden Schauer.

Keines dieser Wörter und Beschreibungen kann auch nur annähernd rüber bringen, welche Erlebnistiefe ich wirklich meine, da wir unsere eigenen Erfahrungen der Wörter hineinbringen und dann glauben, wir wüssten, wovon der Andere spricht.

Ich behaupte, dass vielleicht Einer von einer Million wirklich weiß, was ich meine, welches Einssein, welche Wonne, welche Ekstase ich anspreche.

Welche Glücksmöglichkeiten wir haben, und wie wir leicht sie leben können, davon schreibe ich hier.

- *"Was ist moderne Geistheilung - Ansätze und Erklärungsmodelle für ein neues Verständnis"*
  Westliche Ansätze, um Verständnis für ein funktionierendes Phänomen zu wecken versus geistige Wundpflaster-Heilungsmethoden und pro Zusammenarbeit der Heiler und Disziplinen; mit Tipps für Klassiker wie Allergien, Depressionen, Ängste und mehr.
  Dazu die Darstellung der energetischen Heilweisen, die ich erlernte und zusätzlich entwickelte - mit der Kraft und Macht der bedingungslosen Liebe.

- *"Der Herzöffner ♡ - Das Buch zur Liebe"*
  Über bedingungslose Liebe, wie man sie tatsächlich fühlt und deren Kraft zur dauerhaften Selbstheilung nutzt, nicht nur als kurzfristiges Wundpflaster.

Das ist der Kern, das Wichtigste meiner Botschaft. Und doch ist es in die wenigsten Worte gefasst, denn hier macht die eigene Erfahrung, das eigene gehen in das „Sein in Liebe" den Unterschied, nicht das darüber reden.

Begleitend zur Seminarreihe „Kraft und Macht der Supra-Liebe".

- *"Geistige Gesetze"*
  Wie die Welt funktioniert und wie wir sie nutzen können, viel tiefer als vereinfachte Darlegungen wie in "The Secret", "Die Erfolgsgesetze" und andere Teilbeschreibungen – mit direkten Nutzungsanwendungen und Beispielen ohne das esoterische Allmachtsgesülze für das Ego.

- *"Als Gott in einem roten Opel Zafira saß und lachte"*
  Selbstverwirklichung für Westliche auf die humorvolle Tour. Erfahrungen des Einsseins, Visionen – nicht zu ernst genommen.
  Die Spiri-, Eso-, Bio-, Müsli-Brüder und -Schwestern, die Erleuchtungssuchenden und Guru-Abhängigen, die Weltretter und -verbesserer, die Guru-Besserwisser und Erleuchteten, Angeleuchteten und Teilzeiterleuchteten, die Gemeinschaftskuschler, die Heiler und Leute mit Helfer-Syndrom mal liebevoll und kräftig ironisch auf den Arm genommen.

- *"Neues Paradigma für unsere Wirtschaft"*
  Die Ansätze aus meinen außerkörperlichen Reisen und Erfahrungen als spiritueller Heiler und Berater für Körper, Psyche und Seele verbunden mit meinem "Wirtschaftsvorleben-Knowhow" für ein anderes,

nachhaltiges, nichtkonkurrierendes, verbundenes neues Wirtschaften.
Erfolgreich für alle Beteiligten, jetzt und für unsere Zukunft auf dieser einen Erde, erfolgreich für Arbeitgeber, Arbeitnehmer, Unternehmen, unsere Kinder und unser allen Lebensraum, der Natur und unseren Planeten.

Fragen an Sie

Was wollen Sie wirklich?
Was wollen Sie wirklich erleben?
Was ist Ihnen wirklich wichtig – für Sie, Ihre Familie
und Ihr Leben?

Wovon wagen Sie nicht einmal mehr zu träumen, weil
Ihnen beigebracht wurde, das geht nicht, nie und nimmer?
Warum geht das nicht, das zu erreichen, zu tun oder zu
sein, was Sie wirklich wollen?
Was könnten Sie ändern, um es dennoch für möglich zu
halten?

Ihre für Sie wichtigsten Fragen Ihres Lebens. Ihre Antworten können Sie hier festhalten:

Was wollen Sie wirklich fühlen?
Was könnte das mit der Frage zu tun haben, was Sie wirklich wollen?

Das ist eine vertiefende, verbindende, sehr wichtige Frage: Was wollen Sie wirklich fühlen?

Ihre Antworten:

Ihr „Ego" existiert nicht wirklich, sondern besteht in meiner Definition aus Ihren (zum großen Teil ins Unbewusste verdrängten) Gefühlen, Gedanken, Überzeugungen und Glaubenssätzen wie unzulänglich sein, nicht liebenswert sein, schuldig sein, nicht gut genug sein, sich schämen müssen, nicht in Ordnung sein, klein sein, getrennt sein, Opfer sein, ohnmächtig sein, der Ängste aller Art, Wertlosigkeit, Selbstablehnung und Selbsthass. Es ist Ihr kleines oder „niederes" Selbst. Der (höchst kleine) Teil unseres Seins, mit dem wir uns in der Regel identifiziert haben. Nicht Ihr wahres Sein, Ihre wahre Größe.

Unser Denken, Fühlen, Reden und Handeln ist bestimmt aus dieser leidensreichen Identifikation: Wir arbeiten, um nicht zu verhungern. Wir wollen einen Partner, damit wir nicht allein sind. Wir machen uns Gedanken, was die anderen von uns denken, damit wir nicht ausgeschlossen, verbannt werden. Und, und, und...

Die üblichen Ausreden und Begründungen dieses Egos, warum es nicht geht, zu sein, zu tun, zu erreichen, zu sein, was Sie wirklich wollen, sind übrigens im Prinzip immer dieselben; nur mit anderen persönlichen Ausschmückungen versehen:

- Ich habe keine Zeit.
- Ich habe kein Geld.
- Ich kann nicht.
- Ich weiß nicht, wie.
- Ich schaffe es nicht.

(Ich weiß zwar nicht, was ich nicht schaffe, aber ich schaffe „es" nicht).

Sie haben genug Zeit. Sie haben genug Geld. Sie können es. Sie wissen, wie. Sie schaffen es.

Wir sind im Kern unseres Sein liebevoll, mächtig, wertvoll und reich. Wir sind gesund, unsterblich und in unendlicher Fülle. Wir sind lebendige Liebende.

Das Ihnen aufzuzeigen, das Sie das immer mehr für möglich halten, das von Tag zu Tag mehr und mehr erleben und leben, das ist mein Tun für Sie. Nicht immer nett bin ich dabei, aber liebevoll :-)

Ich bin ein Guide (Fremdenführer, Führer), ein Begleiter, der hier auf dieser Existenzebene in einigen Bereichen des Lebens ein paar Schritte weiter gegangen ist als viele Menschen, und Ihnen ein Licht, einen Weg zeigt, wenn Sie wollen. Auf diesem gemeinsamen Stück Weg kann ich vielleicht von Ihnen erfahren, welche Schritte sie in anderen Bereichen des Lebens gemacht haben, von denen ich werde lernen können.

Wollen Sie?

Eine meiner Antworten auf die Frage, was ich wirklich will, ist

Wirklich wichtig ist nur, sich und alles zu lieben und im Moment zu sein.

Diese Antwort ist sehr global :-)

Meine erste Unterdefinition ist als Ziel für mich:

Erleuchtet leben mit einer erleuchteten Partnerin, erleuchteten Kindern, Freunden, Kollegen, Mitmenschen in einer erleuchteten Gesellschaft verbunden mit Natur und Erde.

Auch dies erfordert weitere Klärung und Beschreibung, was ich will:

Bedingungslose Liebe, Annahme, Akzeptanz, Freude, Frieden, Fülle, Gesundheit, Harmonie, Glück, Verbundenheit, Erfüllung, Wohlstand und Erfolg privat wie beruflich fühlen, teilen und erleben mit und zu Partnerin, Kindern, Freunden, Kollegen und Mitmenschen sowie mit und zu der Natur und den Tieren in einer Gesellschaft, die das ebenfalls tut.

Ein knackiger Satz, den Sie sich gut auf der Zunge zergehen lassen können, sich vorstellen und sich einfühlen. Da ist viel, sehr viel drin.

Liebe leben ist mein Motto. Nicht immer, aber immer öfter. Liebe sein, Liebe fühlen.

Bewusstheit, Präsenz und Wahrnehmung will ich weiter entwickeln.

Neue und unbekannte Welten von Körper, Seele und Geist erforschen; staunen und lernen.

Auch diese Antworten führte ich detaillierter für mich aus in den Bereichen Alltag, Hobbys, Arbeiten, Gesellschaft und Lernen. Bis mir klar wurde und wird, was ich jetzt gerade will – und wie das in dem großen Rahmen meines Lebens passt.
Diese Klarheit gibt mir Sicherheit, Erfüllung und Freude.

Also – was wollen Sie wirklich?